marabout**chef**

spécial pomme de terre

maraboutchef

spécial pomme de terre

pour vous mettre en appétit...

Frites, chips et pommes de terre sautées

Réussir les frites

Également appelées pommes frites, patates frites ou encore *fritche* en wallon, les frites ont été inventées, dit-on, par les Belges. En tout cas, une chose est sûre : pour être réussies, les frites doivent être longues, croustillantes et dorées à souhait, avec une saveur rustique agrémentée d'une note d'huile. Avec leur texture farineuse et leur faible teneur en eau, les russet-burbank sont parfaites, mais vous pouvez aussi utiliser des spuntas ou encore des bintjes, comme nous l'avons fait dans cette recette.

Pour 4 personnes

Préparation + cuisson 30 minutes + trempage

1 kg de pommes de terre bintje pelées
huile d'arachide pour la friture

1. Coupez les pommes de terre en tranches de 1 cm d'épaisseur puis en bâtonnets. Faites-les tremper 30 minutes dans de l'eau froide pour éviter qu'elles changent de couleur. Égouttez-les puis essuyez-les soigneusement avec du papier absorbant.

2. Faites chauffer l'huile dans une friteuse ou une grande sauteuse. Faites frire les pommes de terre en 3 fois, 4 minutes chaque fois. Elles doivent être tendres, mais encore pâles. Égouttez-les sur du papier absorbant et laissez-les reposer 10 minutes.

3. Remettez l'huile à chauffer et plongez-y à nouveau les frites en 3 fois. Faites frire jusqu'à ce qu'elles soient dorées et croustillantes. Secouez le panier ou utilisez une écumoire pour séparer celles qui se collent entre elles. Égouttez sur du papier absorbant.

Par portion *289 kcal ; 14 g de lipides (dont 2,5 g de graisses saturées) ; 32,8 g de glucides ; 6 g de protéines ; 4 g de fibres*

Après la première cuisson, les frites peuvent se conserver plusieurs heures avant de passer à la seconde friture. Vous pouvez également utiliser de l'huile végétale ou de l'huile de maïs.

Détaillez les pommes de terre en tranches de 1 cm, puis chaque tranche en bâtonnets de 1 cm de section.

Après la première friture, les frites doivent être tendres, mais pas dorées. Déposez-les sur du papier absorbant.

Après la seconde friture, les frites doivent être croustillantes et bien dorées.

Pommes sautées à l'oignon

Pour 4 personnes

Préparation + cuisson 20 minutes + trempage

1 kg de pommes de terre bintje pelées
30 g de beurre coupé en dés
125 ml d'huile végétale
1 oignon brun moyen (150 g)

1. À l'aide d'un couteau aiguisé ou d'une mandoline, coupez les pommes de terre en tranches de 2 mm d'épaisseur et faites-les tremper 30 minutes dans de l'eau froide pour éviter qu'elles changent de couleur. Égouttez-les puis essuyez-les avec du papier absorbant.

2. Faites chauffer un tiers du beurre et de l'huile dans une grande poêle antiadhésive et faites cuire un tiers des pommes de terre et de l'oignon, en remuant de temps en temps, jusqu'à ce que les ingrédients soient bien cuits et légèrement dorés. Déposez le tout sur du papier absorbant et couvrez pour maintenir au chaud. Répétez l'opération 2 fois avec le reste de beurre, d'huile, de pommes de terre et d'oignon. Remettez la totalité des pommes de terre sautées dans la poêle, remuez bien et assaisonnez avec des grains de poivre noir fraîchement concassés et du sel, si vous le souhaitez.

Par portion *488 kcal ; 35,2 g de lipides (dont 7,7 g de graisses saturées) ; 34,8 g de glucides ; 6,6 g de protéines ; 4,5 g de fibres*

Cette recette anglo-saxonne traditionnelle de pommes de terre sautées, en anglais « cottage fries », peut se réaliser soit avec de l'oignon soit avec du poivron vert. Vous pouvez aussi utiliser des russet-burbank ou des spuntas à la place des bintjes.

Chips au persil

Pour 4 personnes

Préparation + cuisson 35 minutes

500 g de pommes de terre bintje pelées
1 botte de persil plat
huile végétale pour la friture

1. À l'aide d'un couteau aiguisé ou d'une mandoline, coupez les pommes de terre en tranches de 2 mm d'épaisseur.

2. Garnissez la moitié des tranches de pomme de terre d'une feuille de persil, recouvrez chaque tranche d'une seconde tranche, puis pressez bien les deux pour les souder.

3. Faites chauffer l'huile dans une grande cocotte et faites frire les chips en plusieurs fois, jusqu'à ce qu'elles soient dorées et croustillantes. Égouttez-les sur du papier absorbant.

Par portion *144 kcal ; 7 g de lipides (dont 0,9 g de graisses saturées) ; 16,4 g de glucides ; 3 g de protéines ; 2 g de fibres*

Décorez ces chips avec d'autres herbes aromatiques, comme la sauge par exemple. Essayez cette recette avec des russet-burbank ou des spuntas.

Pétales de pomme de terre en amuse-bouche

Pour 4 personnes

Préparation + cuisson 1 h 15

1 kg de pommes de terre désirée avec la peau
2 c. à s. d'huile d'olive

1. Préchauffez le four à 220 °C.

2. Grattez les pommes de terre et badigeonnez-les avec la moitié de l'huile d'olive. Étalez-les sur la plaque du four et laissez-les cuire 50 minutes, jusqu'à ce qu'elles soient tendres. Laissez-les refroidir.

3. Coupez chaque pomme de terre en 6 quartiers dans le sens de la longueur puis retirez délicatement la chair, en laissant la peau intacte. Disposez les pelures sur la grille du four, côté chair vers le haut, et badigeonnez-les avec le reste d'huile. Laissez-les rôtir 20 minutes pour les rendre croustillantes. Servez en amuse-bouche, avec un assortiment des sauces ci-contre.

Par portion *249 kcal ; 9,4 g de lipides (dont 1,3 g de graisses saturées) ; 32,8 g de glucides ; 6 g de protéines ; 5 g de fibres*

Crème de raifort

Pour 400 ml environ

Mélangez 1 petit oignon brun émincé, 100 ml de raifort en tube, 300 ml de crème fraîche allégée, ¼ de cuillerée à café de paprika doux et 100 ml de crème fraîche.

Pour 1 cuillerée à soupe *43 kcal ; 4 g de lipides (dont 2,6 g de graisses saturées) ; 1,3 g de glucides ; 0,6 g de protéines ; 0,1 g de fibres*

Houmous

Pour 400 ml environ

Mixez 300 g de pois chiches en boîte rincés avec 2 cuillerées à soupe de jus de citron, 1 gousse d'ail pilée, 2 cuillerées à soupe d'huile d'olive, 2 cuillerées à soupe de tahini et 2 cuillerées à soupe d'eau jusqu'à obtention d'une sauce presque homogène.

Pour 1 cuillerée à soupe *73 kcal ; 5,8 g de lipides (dont 0,8 g de graisses saturées) ; 2,9 g de glucides ; 1,8 g de protéines ; 1,3 g de fibres*

Tapenade

Pour 400 ml environ

Mixez 2 cuillerées à soupe de pignons de pin grillés, 200 g d'olives kalamata dénoyautées, 1 gousse d'ail pilée, 1 cuillerée à soupe de jus de citron, 1 filet d'anchois égoutté et 4 cuillerées à soupe d'huile d'olive, jusqu'à obtention d'une préparation presque homogène.

Pour 1 cuillerée à soupe *59 kcal ; 4,8 g de lipides (dont 0,6 g de graisses saturées) ; 3,2 g de glucides ; 0,4 g de protéines ; 0,63 g de fibres*

Prélevez délicatement la chair des quartiers de pomme de terre, en laissant la peau intacte.

Étalez les pelures de pomme de terre sur une grille posée sur la plaque du four et badigeonnez-les d'huile.

Ces amuse-bouches chauds et croustillants seront délicieux avec la sauce de votre choix.

Pommes allumettes

Pour 6 personnes

Préparation + cuisson 15 minutes + trempage

1 kg de pommes de terre russet-burbank pelées
huile d'arachide pour la friture

1. À l'aide d'un couteau aiguisé ou d'une mandoline, coupez les pommes de terre en tranches de 2 mm d'épaisseur, puis chaque tranche en bâtonnets de 2 mm de côté. Faites-les tremper 30 minutes dans de l'eau froide pour éviter qu'elles changent de couleur, puis égouttez-les et essuyez-les avec du papier absorbant.

2. Faites chauffer l'huile dans une grande cocotte et faites frire les pommes allumettes en plusieurs fois. Quand elles sont dorées, retirez-les de l'huile et essuyez-les avec du papier absorbant.

Par portion *185 kcal ; 8,5 g de lipides (dont 1,5 g de graisses saturées) ; 21,8 g de glucides ; 4 g de protéines ; 2,7 g de fibres*

L'huile d'arachide peut être remplacée par de l'huile végétale ou de l'huile de maïs. Comme leur nom l'indique, les pommes allumettes doivent être craquantes et fines comme des allumettes. Elles se servent chaudes ou froides, salées si vous le souhaitez. Vous pouvez également réaliser cette recette avec des bintjes ou des spuntas.

Chips maison

Pour 8 personnes

Préparation + cuisson 30 minutes + trempage

1 kg de pommes de terre bintje pelées
huile végétale pour la friture

Sel aromatisé
½ c. à c. de paprika doux
1 c. à c. de flocons de sel
½ c. à c. de poivre noir du moulin
1 pincée de poivre de Cayenne

1. À l'aide d'un couteau aiguisé ou d'une mandoline, coupez les pommes de terre en tranches de 2 mm d'épaisseur. Faites-les tremper 30 minutes dans de l'eau froide pour éviter qu'elles changent de couleur, puis égouttez-les et essuyez-les avec du papier absorbant.

2. Faites chauffer l'huile dans une grande cocotte et faites frire les pommes de terre en plusieurs fois, en remuant avec une écumoire, jusqu'à ce qu'elles soient légèrement dorées. Sortez-les de l'huile et disposez-les en une seule couche sur du papier absorbant. Saupoudrez de sel aromatisé et servez.

Sel aromatisé
Mélangez tous les ingrédients dans un petit récipient.

Par portion *140 kcal ; 6,5 g de lipides (dont 0,8 g de graisses saturées) ; 16,4 g de glucides ; 3 g de protéines ; 2 g de fibres*

Lorsque vous aurez goûté à ces délicieuses et croustillantes chips maison, vous n'en achèterez plus jamais ! Cette recette peut aussi se préparer avec des russet-burbank ou des spuntas.

Quartiers de pomme de terre rôtis aux épices

Pour 4 personnes

Préparation + cuisson 50 minutes

1 kg de pommes de terre kipfler lavées, avec la peau
2 c. à s. d'huile d'olive

1. Préchauffez le four à 200 °C. Huilez légèrement 2 plaques de cuisson.

2. Coupez les pommes de terre en quartiers épais et mélangez-les dans un saladier avec l'huile d'olive. Étalez les quartiers de pomme de terre en une seule couche sur les plaques de cuisson et faites-les rôtir 40 minutes au four, en les retournant de temps en temps, jusqu'à ce qu'ils soient croustillants et cuits à l'intérieur.

Par portion *249 kcal ; 9,4 g de lipides (dont 1,3 g de graisses saturées) ; 32,8 g de glucides ; 6 g de protéines ; 5 g de fibres*

Citron et poivre

Mélangez 1 cuillerée à soupe de zeste de citron, 1 cuillerée à soupe de jus de citron et ½ cuillerée à café de poivre noir du moulin.

Par portion *251 kcal ; 9,4 g de lipides (dont 1,3 g de graisses saturées) ; 33 g de glucides ; 6,1 g de protéines ; 5,1 g de fibres*

Tomates séchées

Mélangez 1 cuillerée à soupe de pesto de tomate séchée, 2 cuillerées à café de sauce tomate et 1 cuillerée à café de sambal oelek.

Par portion *260 kcal ; 10 g de lipides (dont 1,4 g de graisses saturées) ; 33,7 g de glucides ; 6,2 g de protéines ; 5 g de fibres*

Mélange cajun

Mélangez ½ cuillerée à café d'origan moulu, 2 cuillerées à café de cumin moulu, 2 cuillerées à café de paprika fort, 1½ cuillerée à café de poivre noir moulu, 1 cuillerée à café de curcuma moulu, 1 cuillerée à café de coriandre moulue et ¼ de cuillerée à café de piment en poudre.

Par portion *255 kcal ; 9,4 g de lipides (dont 1,3 g de graisses saturées) ; 33,6 g de glucides ; 6,1 g de protéines ; 5,2 g de fibres*

Les kipflers doivent être soigneusement frottées avant d'être coupées en quartiers.

Pour une recette plus légère, vous pouvez badigeonner les pommes de terre avec du blanc d'œuf à la place de l'huile.

Assaisonnez les quartiers avec les épices de votre choix, puis faites-les cuire en une seule couche sur des plaques de cuisson légèrement huilées.

Pommes de terre sautées

Pour 4 personnes

Préparation + cuisson 25 minutes

1 kg de pommes de terre désirée avec la peau
2 c. à s. d'huile d'olive
50 g de beurre coupé en dés

1. Coupez les pommes de terre en tranches de 1 cm d'épaisseur.

2. Faites chauffer l'huile d'olive et le beurre dans une poêle antiadhésive. À feu moyen, à couvert, faites dorer les pommes de terre de toutes parts, en les retournant de temps en temps. Baissez le feu et, en retournant régulièrement les pommes de terre, prolongez la cuisson de 10 minutes environ pour qu'elles soient bien tendres à cœur.

Par portion *339 kcal ; 19,6 g de lipides (dont 8 g de graisses saturées) ; 32,8 g de glucides ; 6,1 g de protéines ; 4 g de fibres*

Vous pouvez réaliser cette recette avec des bintjes ou des russet-burbank.

Pommes de terre à la sarladaise

Dans une grande poêle, faites fondre 50 g de graisse d'oie. Étalez dedans 800 g de pommes de terre coupées en fines rondelles. Faites cuire 10 minutes en remuant. Salez, poivrez et ajoutez encore 50 g de graisse d'oie. Couvrez et faites cuire 15 minutes, puis retournez les pommes de terre à l'aide d'une spatule. Parsemez de 2 gousses d'ail hachées et de 5 branches de persil plat hachées. Couvrez et laissez cuire 10 minutes de plus.

Par portion *254 kcal ; 8,3 g de lipides (dont 3,8 g de graisses saturées) ; 38,6 g de glucides ; 18,3 g de protéines ; 3 g de fibres*

Avec un couteau aiguisé, détaillez les pommes de terre avec leur peau en tranches épaisses.

À feu moyen, dans une grande poêle antiadhésive, faites fondre le beurre dans un peu d'huile.

En remuant la poêle, faites sauter les pommes de terre pour qu'elles dorent de toutes parts.

Salade de pommes de terre rôties au poulet

Pour 4 personnes

Préparation + cuisson 1 heure

750 g de pommes de terre king-edward avec la peau
1 c. à s. d'huile d'olive
4 tranches de bacon sans couenne (260 g) grossièrement hachées
250 g de tomates cerises coupées en deux
2 concombres (260 g) épépinés et émincés
1 minisalade romaine effeuillée
425 g de chair de poulet rôti en petits cubes

Sauce aux herbes
1 c. à s. de vinaigre de vin blanc
1 c. à s. de jus de citron
1 gousse d'ail pilée
80 ml d'huile d'olive
2 c. à c. de basilic frais finement haché
2 c. à c. d'origan frais finement haché

1. Préchauffez le four à 200 °C et huilez légèrement une plaque de cuisson.

2. Coupez chaque pomme de terre en 6 quartiers et mettez-les dans un récipient, avec l'huile d'olive. Remuez et étalez-les en une seule couche sur la plaque de cuisson. Faites-les cuire au four environ 40 minutes.

3. Pendant ce temps, faites griller le bacon dans une poêle antiadhésive huilée, en remuant, jusqu'à ce qu'il soit croustillant. Égouttez-le sur du papier absorbant.

4. Préparez la sauce aux herbes.

5. Mettez les pommes de terre et le bacon dans un grand saladier, avec les tomates, les concombres, la salade et le poulet. Versez la sauce aux herbes et mélangez.

Sauce aux herbes
Mélangez tous les ingrédients dans un shaker pour sauce à salade.

Par portion *677 kcal ; 41 g de lipides (dont 8,8 g de graisses saturées) ; 28,2 g de glucides ; 46,4 g de protéines ; 6,4 g de fibres*

Pour cette recette, il vous faut un grand poulet rôti d'environ 900 g. Vous pouvez remplacer les king-edward par des pontiacs ou des sebagos.

Pommes de terre à la lyonnaise

Pour 4 personnes

Préparation + cuisson 30 minutes

900 g de pommes de terre désirée ou ruby-lou pelées et coupées grossièrement
1 c. à s. d'huile d'olive
2 oignons rouges (340 g) émincés
3 gousses d'ail pilées
400 g de lard fumé coupé en bâtonnets
20 g de menthe fraîche grossièrement hachée

1. Faites cuire les pommes de terre à l'eau, à la vapeur ou au micro-ondes jusqu'à ce qu'elles soient tendres, puis égouttez-les.

2. Pendant ce temps, faites chauffer la moitié de l'huile d'olive dans une sauteuse, puis faites revenir les oignons et l'ail en remuant sans cesse. Réservez.

3. Faites dorer les lardons dans la même poêle, en remuant, jusqu'à ce qu'ils soient croustillants, puis égouttez-les sur du papier absorbant.

4. Faites chauffer le reste d'huile dans la même poêle et faites revenir les pommes de terre, en remuant, pendant 5 minutes, jusqu'à ce qu'elles soient dorées de toutes parts.

5. Ajoutez les oignons et l'ail puis les lardons dans la poêle, en remuant délicatement. Quand le mélange est chaud, retirez du feu et parsemez de menthe fraîche.

Par portion *390 kcal ; 14,2 g de lipides (dont 4,1 g de graisses saturées) ; 34,7 g de glucides ; 28,1 g de protéines ; 5,1 g de fibres*

Röstis, galettes et croquettes

Réussir les röstis

Originaires de Suisse, les röstis se préparent avec des pommes de terre à chair farineuse, comme les spuntas ou les russet-burbank, qui sont râpées crues, puis immédiatement cuites à feu modéré dans du beurre. Pour être parfait, un rösti doit avoir une croûte épaisse et bien croustillante, ainsi qu'un cœur moelleux et fondant…

Pour 8 röstis

Préparation + cuisson 25 minutes

1 kg de pommes de terre russet-burbank pelées
1 c. à c. de sel
80 g de beurre doux
2 c. à s. d'huile végétale

1. Râpez grossièrement les pommes de terre dans un saladier, salez-les et pressez-les pour les débarrasser d'une partie de leur jus. Divisez la préparation en 8 portions.

2. Faites chauffer 10 g de beurre et 1 cuillerée à café d'huile dans une poêle antiadhésive, et faites cuire 1 portion de pommes de terre en l'aplatissant avec une spatule de façon à former une sorte de galette.

3. Sans couvrir, laissez dorer le rösti à feu moyen avant de le retourner sur une grande assiette. Remettez-le dans la poêle et faites-le dorer de l'autre côté, jusqu'à ce qu'il soit tendre à l'intérieur. Égouttez-le sur du papier absorbant et couvrez-le pour le maintenir au chaud.

4. Répétez l'opération avec le reste des ingrédients.

Par portion *198 kcal ; 13 g de lipides (dont 6,1 g de graisses saturées) ; 16,4 g de glucides ; 3,1 g de protéines ; 2 g de fibres*

Les röstis se mangent chauds, mais vous pouvez les préparer 1 heure à l'avance et les conserver à four tiède, dans du papier d'aluminium. En revanche, il ne faut pas râper les pommes de terre à l'avance ; elles risqueraient de changer de couleur.

Râpez grossièrement les pommes de terre dans un grand saladier. Salez puis faites sortir l'excédent de liquide.

Aplatissez les röstis avec une spatule pour former une galette ronde et ferme.

Retournez-les sur une assiette plate avant de les faire dorer sur l'autre face.

Croquettes aux oignons et au bacon

Pour 12 croquettes

Préparation + cuisson 45 minutes + réfrigération

1 kg de pommes de terre sebago pelées et coupées en dés
4 oignons nouveaux émincés
4 tranches de bacon sans couenne (260 g) émincées
40 g de gruyère ou de cheddar grossièrement râpés
2 c. à s. de crème fraîche
75 g de farine
50 g de beurre
2 c. à s. d'huile d'olive

1. Faites cuire les pommes de terre à l'eau, à la vapeur ou au micro-ondes, puis égouttez-les. Dans un grand saladier, écrasez-les en purée lisse.

2. Pendant ce temps, faites revenir les oignons nouveaux et le bacon dans une poêle antiadhésive huilée, en remuant, jusqu'à ce que le bacon soit croustillant. Incorporez ce mélange à la purée de pomme de terre, avant d'ajouter le fromage et la crème fraîche. Remuez bien. Placez pour 30 minutes au réfrigérateur.

3. Farinez vos mains et façonnez 12 croquettes aplaties. Passez-les dans la farine et secouez-les pour retirer l'excédent de farine.

4. Faites chauffer le beurre et l'huile d'olive dans une grande sauteuse puis faites cuire les croquettes en plusieurs fois, jusqu'à ce qu'elles soient dorées de toutes parts. Servez-les avec des quartiers de citron, si vous le souhaitez.

Par croquette *200 kcal ; 11,1 g de lipides (dont 5,1 g de graisses saturées) ; 15,8 g de glucides ; 8,4 g de protéines ; 1,6 g de fibres*

Cette recette peut également se préparer avec des lasodas ou des pink-eye.

Croquettes au maïs

Pour 12 croquettes

Préparation + cuisson 1 heure

800 g de pommes de terre sebago pelées
1 épi de maïs (400 g) paré
2 jaunes d'œufs
45 g de chapelure
2 c. à s. de persil plat finement haché
35 g de farine
50 g de beurre
60 ml d'huile végétale

1. Faites cuire les pommes de terre à l'eau, à la vapeur ou au micro-ondes, puis égouttez-les.

2. Pendant de temps, détachez les grains de maïs de l'épi, avec un couteau pointu.

3. Dans un saladier, écrasez les pommes de terre en purée puis ajoutez les grains de maïs, les jaunes d'œufs, la chapelure et le persil. Mélangez bien.

4. Farinez vos mains, façonnez 12 boulettes que vous aplatirez ensuite légèrement, puis passez-les dans la farine et secouez-les pour en retirer l'excédent. Faites chauffer un tiers du beurre et 1 cuillerée à soupe d'huile dans une sauteuse, et faites dorer 4 croquettes des 2 côtés.

5. Répétez l'opération pour obtenir 12 croquettes.

Par croquette *194 kcal ; 9,6 g de lipides (dont 3,2 g de graisses saturées) ; 21 g de glucides ; 4,3 g de protéines ; 3,1 g de fibres*

Hash browns

À l'origine connu sous le nom de « hashed brown potatoes », ce plat américain populaire se mange au petit déjeuner, au déjeuner ou au dîner.

Pour 12 hash browns

Préparation + cuisson 40 minutes

1 kg de pommes de terre sebago avec la peau
1 petit oignon brun (80 g) finement haché
2 c. à c. de romarin frais ciselé
60 g de beurre clarifié

1. Faites cuire les pommes de terre avec leur peau à l'eau, à la vapeur ou au micro-ondes jusqu'à ce qu'elles soient tendres, puis égouttez-les. Laissez-les refroidir 10 minutes.

2. Pelez les pommes de terre et coupez-les en dés de 1 cm de côté. Dans un grand saladier, mélangez les pommes de terre avec l'oignon et le romarin.

3. Faites chauffer un tiers du beurre clarifié dans une poêle à fond épais, puis placez 4 cercles à œufs dans la poêle. À l'aide d'une cuillère, déposez environ 2 cuillerées à soupe de la préparation à base de pomme de terre dans chaque cercle puis, avec une spatule, tassez légèrement la préparation, de sorte qu'elle emplisse bien le cercle. En pressant régulièrement à l'aide de la spatule, faites cuire les pommes de terre jusqu'à ce qu'elles soient dorées sur le dessous, puis retournez délicatement chaque hash brown pour faire cuire l'autre côté. Égouttez-les sur du papier absorbant et couvrez-les pour les maintenir au chaud.

4. Répétez l'opération jusqu'à obtention de 12 hash browns.

Par hash brown *103 kcal ; 5,1 g de lipides (dont 3,3 g de graisses saturées) ; 11,3 g de glucides ; 2,1 g de protéines ; 1,8 g de fibres*

Vous pouvez remplacer le romarin par de la ciboulette, du thym ou du persil. Le beurre clarifié est un beurre débarrassé des particules solides du lait. Ainsi, il peut être chauffé à des températures très élevées sans brûler. À la place du beurre clarifié, vous pouvez également utiliser un mélange de beurre fondu et d'huile d'olive en quantités égales.
Il est possible de réaliser cette recette avec des pommes de terre bintje ou désirée.

Croquettes de pomme de terre

Pour 24 croquettes

Préparation 45 minutes + réfrigération

1 kg de pommes de terre coliban pelées et grossièrement hachées
2 jaunes d'œufs
20 g de beurre
125 g de farine
60 g de gruyère ou de cheddar râpés
2 œufs
2 c. à s. de lait
100 g de chapelure
huile végétale pour la friture

1. Faites cuire les pommes de terre à l'eau, à la vapeur ou au micro-ondes, puis égouttez-les. Dans un grand saladier, écrasez-les grossièrement avec les jaunes d'œufs, le beurre, 75 g de farine et le fromage. Couvrez et laissez reposer 30 minutes au réfrigérateur.

2. Farinez légèrement vos mains puis façonnez des bâtonnets avec les pommes de terre écrasées (comptez 1 grosse cuillerée à soupe de préparation pour chaque bâtonnet). Passez les croquettes dans la farine restante et secouez-les pour retirer l'excédent, puis plongez-les dans le mélange œufs-lait avant de les passer dans la chapelure. Laissez reposer 30 minutes au réfrigérateur.

3. Faites chauffer l'huile dans une grande cocotte et faites frire les croquettes en plusieurs fois, jusqu'à ce qu'elles soient dorées. Égouttez-les sur du papier absorbant.

Par croquette *90 kcal ; 4,6 g de lipides (dont 1,3 g de graisses saturées) ; 9 g de glucides ; 2,7 g de protéines ; 0,8 g de fibres*

Croquettes mozzarella-pesto

Pour 32 croquettes

Pour varier les plaisirs, garnissez vos croquettes avec de la mozzarella et du pesto. Mixez 4 cuillerées à soupe de basilic frais, 1 cuillerée à soupe de pignons de pin grillés, 1 cuillerée à soupe de parmesan râpé, 1 gousse d'ail coupée en quatre, 2 cuillerées à café de jus de citron et 1 cuillerée à soupe d'huile d'olive. Incorporez ce pesto à la préparation à base de pomme de terre. Façonnez des boulettes en mettant au centre un dé de mozzarella de 5 mm de côté.

Par croquette *100 kcal ; 5,6 g de lipides (dont 1,5 g de graisses saturées) ; 9,1 g de glucides ; 2,9 g de protéines ; 0,8 g de fibres*

Façonnez les croquettes en pavés rectangulaires…

… ou en bûchettes cylindriques.

Vous pouvez également les garnir à votre convenance.

Petits choux de pomme de terre

Pour 30 choux

Préparation + cuisson 45 minutes

600 g de pommes de terre coliban pelées et grossièrement coupées
50 g de beurre ramolli
1 gousse d'ail pilée
3 tranches de bacon sans couenne (200 g) coupées en petits morceaux
75 g de farine avec levure incorporée
1 œuf légèrement battu
2 oignons nouveaux hachés finement
90 g de gruyère râpé
huile végétale pour la friture

1. Faites cuire les pommes de terre à l'eau, à la vapeur ou au micro-ondes, puis égouttez-les. Dans un saladier, écrasez les pommes de terre avec le beurre et l'ail jusqu'à obtention d'une purée lisse, puis laissez refroidir.

2. Faites cuire le bacon dans une petite poêle huilée jusqu'à ce qu'il soit croustillant, puis égouttez-le sur du papier absorbant. Ajoutez le bacon, la farine, l'œuf, les oignons nouveaux et le fromage à la préparation aux pommes de terre, puis mélangez bien les ingrédients.

3. Faites chauffer l'huile dans une grande sauteuse, puis faites frire des cuillerées à soupe de la préparation aux pommes de terre en plusieurs fois. Égouttez-les sur du papier absorbant. Vous pouvez les servir avec de la crème fraîche.

Par chou *76 kcal ; 5 g de lipides (dont 2 g de graisses saturées) ; 4,5 g de glucides ; 3 g de protéines ; 0,4 g de fibres*

Vous pouvez remplacer le gruyère par 100 g de bleu émietté, ou encore ajouter 300 g de maïs en boîte pour réaliser de délicieuses boulettes au maïs. Cette recette peut également se préparer avec des nicolas ou des pink-eyes.

Latkes

Les latkes sont des galettes de pomme de terre qui se mangent traditionnellement pendant Hanoukka, en raison de la signification particulière que prend l'huile durant cette fête juive. Ils sont généralement confectionnés avec de la farine de matza, mais on peut la remplacer par de la polenta, comme dans cette recette.

Pour 12 pièces

Préparation + cuisson 30 minutes

1 kg de pommes de terre king-edward pelées
1 gros oignon brun (200 g) émincé
2 œufs légèrement battus
50 g de polenta
80 ml d'huile végétale
100 g de compote de pommes
2 c. à s. de crème fraîche

1. Râpez grossièrement les pommes de terre et pressez-les pour en extraire l'excédent de jus. Mettez-les dans un récipient avec l'oignon, les œufs et la polenta. Mélangez bien.

2. Farinez vos mains puis formez 12 galettes.

3. Faites chauffer l'huile dans une sauteuse et faites frire les latkes en plusieurs fois, jusqu'à ce qu'ils soient dorés des 2 côtés. Égouttez-les sur du papier absorbant et servez-les nappés de compote de pommes et de crème fraîche.

Par pièce *162 kcal ; 8,5 g de lipides (dont 1,9 g de graisses saturées) ; 16,8 g de glucides ; 3,8 g de protéines ; 1,8 g de fibres*

Vous pouvez également utiliser des russet-burbank ou des spuntas pour préparer ces latkes.

Beignets à la patate douce et au chorizo

Pour 40 beignets

Préparation + cuisson 40 minutes

2 c. à c. d'huile végétale
200 g de chorizo émincé
1 petit oignon brun (80 g) émincé
2 petits piments thaïs rouges émincés
2 courgettes moyennes (240 g) grossièrement râpées
450 g de pommes de terre bintje pelées et grossièrement râpées
1 petite patate douce (250 g) pelée et grossièrement râpée
3 œufs légèrement battus
150 g de farine
1 c. à c. de paprika doux
huile végétale pour la friture

Sauce au piment
120 g de fromage blanc
2 c. à s. de sauce pimentée sucrée

1. Faites chauffer l'huile dans une sauteuse et faites revenir le chorizo, l'oignon et les piments en remuant. Quand l'oignon est tendre, ajoutez les courgettes et laissez cuire 1 minute en remuant, puis laissez reposer 10 minutes hors du feu.

2. Pendant ce temps, préparez la sauce au piment.

3. Dans un saladier, mélangez cette préparation avec les pommes de terre, la patate douce, les œufs, la farine et le paprika.

4. Faites chauffer l'huile dans une sauteuse. Faites cuire les beignets en plusieurs fois, en faisant tomber des cuillerées à soupe rases de cette préparation dans l'huile chaude. Quand les beignets sont dorés, égouttez-les sur du papier absorbant. Servez aussitôt, avec la sauce au piment.

Sauce au piment
Mélangez le fromage blanc et la sauce pimentée dans un bol.

Par beignet *74 kcal ; 4,6 g de lipides (dont 1,1 g de graisses saturées) ; 5,3 g de glucides ; 2,6 g de protéines ; 0,6 g de fibres*

Vous pouvez également réaliser ces beignets avec des russet-burbank ou des spuntas.

Croquettes à la truite fumée

Pour 12 croquettes

Préparation + cuisson 1 h 10

1 kg de pommes de terre sebago pelées et grossièrement coupées
1 gousse d'ail pilée
35 g de farine
2 œufs légèrement battus
2 c. à s. de coriandre fraîche grossièrement hachée
1 c. à c. de sambal oelek
1 c. à c. de zeste de citron finement râpé
1 c. à s. de jus de citron
400 g de truite fumée émiettée

1. Préchauffez le four à 180 °C et huilez légèrement 2 plaques de cuisson.

2. Faites cuire les pommes de terre à l'eau, à la vapeur ou au micro-ondes puis égouttez-les et écrasez-les dans un saladier. Incorporez l'ail, la farine, les œufs, la coriandre, le sambal oelek, le zeste de citron et le jus de citron, puis la truite fumée.

3. Farinez vos mains et façonnez 12 boulettes légèrement aplaties de ce mélange. Disposez-les sur les plaques de cuisson et faites-les cuire 30 minutes au four. Servez avec des quartiers de citron et de la sauce au piment, si vous le souhaitez.

Par portion *104 kcal ; 1,9 g de lipides (dont 0,5 g de graisses saturées) ; 13,2 g de glucides ; 7,8 g de protéines ; 1,5 g de fibres*

Pour des croquettes dorées à souhait, saisissez-les quelques instants dans une poêle après les avoir sorties du four.

Croquettes de pomme de terre au saumon

Pour 8 croquettes

Préparation + cuisson 40 minutes + réfrigération

1 kg de pommes de terre lasoda pelées
440 g de saumon en boîte
1 petit oignon brun (80 g) émincé
1 c. à s. de persil plat finement haché
1 c. à c. de zeste de citron râpé
1 c. à s. de jus de citron
75 g de farine
1 œuf
2 c. à s. de lait
85 g de chapelure
huile végétale pour la friture

1. Faites cuire les pommes de terre à l'eau, à la vapeur ou au micro-ondes, égouttez-les puis écrasez-les dans un grand récipient.

2. Égouttez le saumon, éliminez les arêtes et la peau, émiettez-le et incorporez-le à la purée de pomme de terre avec l'oignon, le persil, le zeste de citron et le jus de citron. Mélangez bien. Couvrez et laissez reposer au réfrigérateur 30 minutes.

3. Farinez vos mains et façonnez 8 croquettes avec la préparation aux pommes de terre. Roulez-les dans la farine et secouez-les pour en faire tomber l'excédent, puis trempez-les dans le mélange œuf-lait avant de les enrober de chapelure.

4. Faites chauffer l'huile dans une grande cocotte et faites frire les croquettes en plusieurs fois, jusqu'à ce qu'elles commencent à dorer. Égouttez-les sur du papier absorbant.

Par croquette *283 kcal ; 12,3 g de lipides (dont 1,8 g de graisses saturées) ; 33,8 g de glucides ; 7,3 g de protéines ; 3,6 g de fibres*

Ces croquettes au saumon sont faciles à réaliser car vous trouverez généralement tous les ingrédients nécessaires dans votre garde-manger. Cette recette peut également se préparer avec des colibans ou des nicolas. Vous pouvez préparer les croquettes la veille et les conserver au réfrigérateur en les couvrant.

Égouttez le saumon, puis retirez la peau et les arêtes en l'émiettant.

Farinez vos mains et façonnez plusieurs boulettes avant de les aplatir légèrement.

Trempez-les dans l'œuf battu avec le lait avant de les enrober de chapelure.

Röstis de pomme de terre aux poivrons grillés et au prosciutto

Pour 4 personnes

Préparation + cuisson 45 minutes

1 petit poivron rouge (150 g)
1 petit poivron jaune (150 g)
90 g de tomates séchées conservées dans l'huile
1 kg de pommes de terre russet-burbank pelées
80 g de beurre doux
2 c. à c. d'huile d'olive
8 tranches de prosciutto (120 g)
20 g de pousses d'épinard
50 g de parmesan en copeaux

1. Préchauffez le gril du four.

2. Coupez les poivrons en quatre puis retirez les pépins et les membranes. Faites-les griller au four, la peau vers le haut, jusqu'à ce qu'elle se boursoufle et noircisse. Couvrez les poivrons de film alimentaire puis laissez-les reposer 5 minutes. Pelez-les et coupez-les en lanières. Mélangez-les, dans un bol, avec les tomates séchées.

3. Râpez grossièrement les pommes de terre puis pressez-les pour en extraire l'excédent de jus. Divisez la préparation en 8 portions.

4. Faites chauffer 10 g de beurre dans une poêle antiadhésive de 20 cm de diamètre et faites frire 1 rösti, en l'aplatissant avec une spatule. Faites-le cuire à feu moyen sans le couvrir jusqu'à ce qu'il soit bien doré sur une face, secouez la poêle pour le détacher, retournez-le sur une assiette, puis faites-le cuire sur l'autre face. Égouttez-le sur du papier absorbant et couvrez-le pour le garder au chaud pendant que vous préparez les autres röstis.

5. Faites chauffer l'huile dans la même poêle et faite revenir le prosciutto jusqu'à ce qu'il soit croquant.

6. Répartissez la moitié des röstis sur les assiettes de service, garnissez de pousses d'épinard, de prosciutto et de poivron, ajoutez quelques copeaux de parmesan avant de recouvrir le tout avec les röstis restants.

Par portion *463 kcal ; 25,1 g de lipides (dont 14,5 g de graisses saturées) ; 39,3 g de glucides ; 17,7 g de protéines ; 4,9 g de fibres*

Le prosciutto, un jambon séché salé, se vend généralement en tranches dans les boucheries. Cette recette se prépare également avec des spuntas ou des purple-congo.

Pakhoras de pomme de terre aux épices

Les pakhoras sont des petits beignets indiens fourrés aux légumes, à la viande ou au poisson.

Pour 24 pakhoras

Préparation + cuisson 40 minutes

400 g de pommes de terre russet-burbank pelées et coupées en dés de 1 cm de côté
1 petite patate douce (250 g) pelée et coupée en dés de 1 cm de côté
225 g de farine de pois chiche (voir note ci-dessous)
½ c. à c. de bicarbonate de soude
180 ml d'eau
2 c. à c. d'huile d'arachide
2 gousses d'ail pilées
½ c. à c. de curcuma moulu
1 c. à c. de cumin moulu
½ c. à s. de flocons de piment
2 oignons nouveaux émincés
huile végétale pour la friture

Raïta à la coriandre
280 g de yaourt à la grecque
3 c. à s. de coriandre fraîche grossièrement hachée
1 c. à c. de cumin moulu

1. Préparez le raïta à la coriandre.

2. Faites cuire ensemble les pommes de terre et la patate douce à l'eau, à la vapeur ou au micro-ondes, puis égouttez-les. Laissez refroidir 10 minutes.

3. Tamisez la farine de pois chiche et le bicarbonate au-dessus d'un récipient puis versez l'eau graduellement, en remuant sans cesse, jusqu'à obtention d'une pâte lisse.

4. Faites chauffer l'huile dans une poêle antiadhésive et faites revenir l'ail, le curcuma, le cumin et le piment jusqu'à ce que le mélange embaume. Ajoutez cette préparation à la pâte puis incorporez les pommes de terre, la patate douce et les oignons.

5. Faites chauffer l'huile dans une sauteuse, versez plusieurs cuillerées de pâte dans l'huile bouillante et laissez frire jusqu'à ce que les pakhoras soient dorés. Égouttez-les sur du papier absorbant. Servez avec le raïta.

Raïta à la coriandre
Mélangez tous les ingrédients dans un bol. Laissez au réfrigérateur jusqu'au moment de servir.

Par pakhora *103 kcal ; 4,8 g de lipides (dont 1,4 g de graisses saturées) ; 11 g de glucides ; 3,9 g de protéines ; 1,5 g de fibres*

Le besan, ou farine de pois chiche, est un des piliers de la gastronomie indienne ; il entre dans la composition des rotis, des chapatis et d'autres pains. Vous en trouverez dans de nombreux supermarchés et boutiques de produits diététiques. Cette recette peut également se préparer avec des désirées.

Croquettes à la polenta et au parmesan

Pour 8 croquettes

Préparation + cuisson 45 minutes

1 kg de pommes de terre bintje pelées
100 g de prosciutto émincé
1 oignon rouge moyen (170 g) émincé
1 petit bulbe de fenouil (150 g) émincé
1 œuf légèrement battu
50 g de farine
50 g de polenta
40 g de parmesan râpé
60 ml d'huile d'olive

1. Faites cuire les pommes de terre à l'eau, à la vapeur ou au micro-ondes jusqu'à ce qu'elles soient tendres, puis égouttez-les. Dans un saladier, écrasez-les en purée puis incorporez le prosciutto, l'oignon, le fenouil, l'œuf et la farine.

2. Farinez vos mains et façonnez 8 boulettes que vous aplatirez ensuite. Mélangez la polenta et le fromage. Passez les croquettes dans ce mélange.

3. Faites chauffer l'huile d'olive dans une sauteuse et faites frire les croquettes en plusieurs fois, jusqu'à ce qu'elles soient dorées des 2 côtés. Égouttez-les sur du papier absorbant.

Par croquette *245 kcal ; 10,2 g de lipides (dont 2,5 g de graisses saturées) ; 27,2 g de glucides ; 9,6 g de protéines ; 3 g de fibres*

Vous pouvez aussi réaliser cette recette avec des colibans ou des lasodas.

Beignets au fromage de chèvre

Pour 32 beignets

Préparation + cuisson 30 minutes

600 g de pommes de terre pontiac pelées et coupées en dés
60 ml de crème fraîche
¼ de c. à c. de noix de muscade râpée
3 œufs légèrement battus
2 jaunes d'œufs légèrement battus
75 g de farine
250 g de fromage de chèvre émietté
2 c. à s. de persil plat grossièrement haché
1 pincée de poivre de Cayenne
huile végétale pour la friture

1. Faites cuire les pommes de terre à l'eau, à la vapeur ou au micro-ondes, puis égouttez-les. Dans un saladier, écrasez-les en purée avec la crème fraîche et la noix de muscade. Ajoutez les œufs entiers et les jaunes d'œufs, mélangez le tout avec une cuillère en bois jusqu'à obtention d'une préparation lisse, puis incorporez la farine, le fromage de chèvre, le persil et le poivre. Travaillez le mélange avec une cuillère en bois pour obtenir une préparation homogène.

2. Faites chauffer l'huile dans une sauteuse. Prélevez des cuillerées à soupe rases de ce mélange, jetez-les dans l'huile bouillante et faites-les frire. Égouttez-les sur du papier absorbant.

Par beignet *73 kcal ; 5 g de lipides (dont 1,9 g de graisses saturées) ; 4,3 g de glucides ; 2,6 g de protéines ; 0,4 g de fibres*

Cette recette peut également se préparer avec des pink-eyes ou des sebagos.

Blinis de pomme de terre à la salsa tomate-avocat

Pour 25 blinis

Préparation + cuisson 1 heure

200 g de pommes de terre sebago pelées
110 g de farine avec levure incorporée
½ c. à c. de bicarbonate de soude
1 œuf
180 ml de lait
1 c. à c. de zeste de citron finement râpé
100 g de beurre fondu

Salsa tomate-avocat
60 ml de jus de citron
60 ml d'huile d'olive
1 gousse d'ail pilée
2 tomates moyennes (380 g) épépinées et coupées en petits cubes
2 c. à s. de persil plat ciselé
1 petit oignon rouge (100 g) émincé
1 petit avocat (200 g) coupé en dés
1 c. à s. de jeunes câpres rincées et égouttées

Sauce au raifort
1 c. à c. de crème de raifort
80 g de crème fraîche
¼ de c. à c. de paprika doux

1. Faites cuire les pommes de terre à l'eau, à la vapeur ou au micro-ondes jusqu'à ce qu'elles soient tendres, puis égouttez-les. Dans un saladier, écrasez-les avant d'ajouter la farine et le bicarbonate de soude.

2. Faites un puits au centre de cette préparation et incorporez l'œuf battu avec le lait et le zeste de citron, en mélangeant bien jusqu'à obtention d'une pâte lisse. Couvrez et laissez reposer 10 minutes.

3. Préparez la salsa tomate-avocat et la sauce au raifort.

4. Graissez une sauteuse avec un peu de beurre fondu et faites-la chauffer avant d'y verser quelques cuillerées à soupe de pâte pour former 5 petites crêpes. Faites-les cuire des 2 côtés puis réservez-les. Répétez l'opération avec le reste de beurre et de pâte. Laissez les blinis refroidir sur la grille du four. Servez-les nappés de salsa et de sauce au raifort.

Salsa tomate-avocat
Mélangez tous les ingrédients dans un récipient.

Sauce au raifort
Mélangez les ingrédients jusqu'à obtention d'une sauce homogène.

Par blini *104 kcal ; 8,6 g de lipides (dont 3,9 g de graisses saturées) ; 5,1 g de glucides ; 1,5 g de protéines ; 0,5 g de fibres*

Galettes à la ciboulette et à la crème fraîche

Pour 20 galettes

Préparation + cuisson 35 minutes

900 g de pommes de terre sebago pelées
1 oignon brun moyen (150 g) émincé
2 c. à s. de ciboulette fraîche ciselée
2 œufs, blancs et jaunes séparés
2 c. à s. de farine
120 g de crème fraîche
160 ml d'huile végétale
80 g de beurre

1. Râpez grossièrement les pommes de terre et pressez-les pour éliminer le plus d'eau possible. Mettez-les dans un récipient, avec l'oignon, la ciboulette, les jaunes d'œufs, la farine et la crème fraîche. Mélangez bien.

2. Avec un batteur, montez les blancs en neige ferme, puis incorporez-les délicatement à la préparation aux pommes de terre.

3. Faites chauffer 2 cuillerées à soupe d'huile et 20 g de beurre dans une poêle antiadhésive. Prélevez des grosses cuillerées à soupe de préparation aux pommes de terre et faites-les frire sans couvrir, en étalant bien la pâte, jusqu'à ce que les galettes soient dorées des 2 côtés. Égouttez-les sur du papier absorbant et couvrez-les pour les maintenir au chaud.

4. Répétez l'opération pour obtenir 20 galettes.

Par galette *164 kcal ; 13,9 g de lipides (dont 4,9 g de graisses saturées) ; 7,3 g de glucides ; 2,5 g de protéines ; 0,9 g de fibres*

Il faut éliminer le maximum d'eau des pommes de terre pour réaliser ces galettes, afin qu'elles conservent leur forme pendant la cuisson. Cette recette peut également se réaliser avec des russet-burbank ou des spuntas.

Boulettes aux épinards et à la feta

Pour 30 boulettes

Préparation + cuisson 1 h 10

450 g de pommes de terre sebago pelées et grossièrement coupées
50 g de beurre
160 ml d'eau
1 c. à c. de sel
150 g de farine
2 œufs
huile végétale pour la friture

Garniture aux épinards
180 g de feuilles d'épinard émincées
150 g de feta émiettée

1. Faites cuire les pommes de terre à l'eau, à la vapeur ou au micro-ondes. Écrasez-les dans un saladier et couvrez-les pour les maintenir au chaud.

2. Préparez la garniture aux épinards.

3. Faites fondre le beurre dans une casserole, ajoutez l'eau et le sel, et portez à ébullition. Retirez du feu et versez aussitôt la farine. Avec une cuillère en bois, mélangez jusqu'à formation d'une boule de pâte lisse. Ajoutez les œufs et les pommes de terre écrasées, puis travaillez vigoureusement le mélange à la spatule pour obtenir une pâte lisse.

4. Farinez vos mains et façonnez des boulettes de la valeur de 1 cuillerée à soupe rase de pâte. Enfoncez un doigt dans chaque boulette pour y faire un trou et introduisez-y 1 cuillerée à café rase de garniture aux épinards, puis roulez délicatement la boulette.

5. Faites chauffer de l'huile dans une sauteuse et faites frire les boulettes en plusieurs fois. Égouttez-les sur du papier absorbant.

Garniture aux épinards
Faites cuire les épinards à l'eau, à la vapeur ou au micro-ondes, puis égouttez-les. Passez-les sous l'eau froide avant de les égoutter à nouveau, puis pressez-les fermement pour éliminer le plus d'eau possible. Dans un petit saladier, mélangez les épinards avec la feta.

Par boulette *70 kcal ; 5,1 g de lipides (dont 2 g de graisses saturées) ; 3,8 g de glucides ; 2,1 g de protéines ; 0,5 g de fibres*

Cette recette peut aussi se préparer avec des lasodas ou des pink-eyes.

Pommes de terre au four

Réussir les pommes de terre rôties

Les pommes de terre au four doivent être croustillantes et dorées à l'extérieur, tendres à l'intérieur, sans être trop grasses. Mieux vaut les badigeonner avec de l'huile d'olive, car elle tolère mieux les températures élevées que le beurre et les autres huiles – et elle donne un très bon parfum aux pommes de terre. Creusez la surface avec la pointe d'une fourchette pour que les pommes de terre soient plus croustillantes. Mettez-les à rôtir dans un four très chaud et disposez-les en une seule couche, dans un plat ou sur une plaque de cuisson. Parmi les variétés idéales, citons les pontiacs, mais aussi les kipflers, les lasodas et les pink-eyes.

Pour 4 personnes

Préparation + cuisson 1 h 10

6 pommes de terre pontiac (1,3 kg) pelées et coupées en deux dans le sens de la longueur
2 c. à s. d'huile d'olive

1. Préchauffez le four à 220 °C. Huilez légèrement une plaque de cuisson.

2. Faites cuire les pommes de terre à l'eau, à la vapeur ou au micro-ondes pendant 5 minutes, égouttez-les et essuyez-les avec du papier absorbant, puis laissez-les refroidir 10 minutes.

3. Avec les dents d'une fourchette, tracez des sillons à la surface de chaque pomme de terre puis disposez les pommes de terre, en une seule couche sur la plaque de cuisson, face tranchée vers le bas. Badigeonnez-les d'huile d'olive et faites-les rôtir 50 minutes au four, sans les couvrir, jusqu'à ce qu'elles soient dorées et croustillantes.

Par portion *298 kcal ; 9,4 g de lipides (dont 1,3 g de graisses saturées) ; 42,6 g de glucides ; 7,8 g de protéines ; 5,2 g de fibres*

Essuyez soigneusement les pommes de terre avec du papier absorbant après les avoir laissées cuire 5 minutes.

Grattez la partie bombée avec les dents d'une fourchette pour creuser des sillons en surface.

Étalez les pommes de terre sur une plaque de cuisson, puis badigeonnez-les d'huile avant de les faire cuire au four.

Pommes de terre Anna

Pour 6 personnes

Préparation + cuisson 1 h 10

1,2 kg de pommes de terre ruby-lou pelées
100 g de beurre fondu

1. Préchauffez le four à 240 °C. Huilez un moule à gâteau rond de 26 cm de diamètre (2 litres).

2. Avec un couteau aiguisé ou une mandoline, coupez les pommes de terre en tranches de 2 mmd'épaisseur, puis essuyez-les avec du papier absorbant. Tapissez de tranches de pomme de terre le fond du moule, en les faisant se chevaucher, et badigeonnez-les de beurre fondu. Répétez l'opération. Couvrez avec une feuille d'aluminium et faites cuire 20 minutes au four.

3. Retirez la feuille d'aluminium. Avec une spatule en métal, appuyez fermement sur les pommes de terre.

4. Baissez la température du four à 220 °C et poursuivez la cuisson pendant 30 minutes, sans couvrir, jusqu'à ce que les pommes de terre soient dorées et croustillantes en surface. Coupez en parts et servez.

Par portion *255 kcal ; 13,9 g de lipides (dont 9 g de graisses saturées) ; 26,3 g de glucides ; 4,9 g de protéines ; 3,2 g de fibres*

À la fin du XIXe siècle, le chef français Adolphe Dugléré a imaginé ce plat en l'honneur d'Anna Deslions, une courtisane qui divertissait ses clients dans un salon privé de son restaurant.
Cette recette peut également se préparer avec des colibans.

Timbales de pommes de terre aux herbes

Pour 4 personnes

Préparation + cuisson 1 heure

500 g de pommes de terre ruby-lou avec la peau
100 g de beurre fondu
2 gousses d'ail pilées
60 g de parmesan râpé
6 oignons nouveaux émincés
3 c. à s. de persil plat grossièrement haché

1. Préchauffez le four à 200 °C. Chemisez de papier sulfurisé le fond et les côtés de 4 moules à gâteaux individuels de 250 ml.

2. À l'aide d'un couteau aiguisé ou d'une mandoline, coupez les pommes de terre en tranches de 2 mm d'épaisseur, puis essuyez-les avec du papier absorbant. Disposez une couche de pommes de terre dans le moule, nappez de beurre et d'ail mélangés puis garnissez de fromage, d'oignon nouveau et de persil. Recommencez l'opération en faisant alterner les ingrédients et terminez par une couche de pommes de terre. Couvrez chaque moule de papier d'aluminium et faites cuire 30 minutes au four. Laissez reposer 5 minutes avant de démouler et de servir.

Par portion *340 kcal ; 25,6 g de lipides (dont 16,6 g de graisses saturées) ; 17,4 g de glucides ; 9,2 g de protéines ; 3,1 g de fibres*

Cette recette peut également se préparer avec des désirées ou des pontiacs.

Pommes de terre rôties à la suédoise

Pour 4 personnes

Préparation + cuisson 1 h 30

6 pommes de terre désirée (1,1 kg) pelées et coupées en deux dans le sens de la longueur
40 g de beurre fondu
2 c. à s. d'huile d'olive
25 g de chapelure industrielle
60 g de gruyère ou de cheddar râpés

1. Préchauffez le four à 180 °C.

2. Placez une moitié de pomme de terre sur une planche, face coupée vers le bas. Déposez une baguette en bois de chaque côté de la pomme de terre et coupez cette dernière en tranches fines, en vous arrêtant au niveau des baguettes (il ne faut pas la couper jusqu'au bout). Répétez l'opération avec le reste des pommes de terre.

3. Disposez les pommes de terre en une seule couche dans un plat à rôtir et badigeonnez-les du mélange de beurre et d'huile d'olive, puis laissez-les rôtir 45 minutes au four, en les arrosant régulièrement de graisse. Poursuivez la cuisson des pommes de terre sans les arroser pendant 15 minutes environ, jusqu'à ce qu'elles soient cuites.

4. Saupoudrez uniformément la chapelure et le fromage sur les pommes de terre et remettez-les au four pour 10 minutes.

Par portion *420 kcal ; 22,9 g de lipides (dont 10 g de graisses saturées) ; 40,2 g de glucides ; 11,3 g de protéines ; 4,7 g de fibres*

Cette recette donne des pommes de terre très croustillantes, qui accompagnent à merveille les viandes. Elle peut se réaliser avec des ruby-lou.

Pour éviter de couper les pommes de terre jusqu'à la base, aidez-vous de petites baguettes en bois.

Coupez les pommes de terre en tranches fines, en arrêtant le couteau au niveau des baguettes.

Saupoudrez les pommes de terre de fromage et de chapelure.

Pommes de terre à la portugaise

Pour 6 personnes

Préparation + cuisson 1 h 10

600 g de pommes de terre sebago pelées et coupées en cubes
2 c. à s. d'huile d'olive
2 gousses d'ail pilées
1 gros oignon brun (200 g) grossièrement haché
4 tomates moyennes (760 g) grossièrement hachées
2 c. à c. de paprika doux
2 c. à c. de thym frais haché
125 ml de bouillon de poule
1 c. à s. de sauce piri-piri
1 c. à s. de persil plat grossièrement haché

1. Préchauffez le four à 220 °C.

2. Mélangez les pommes de terre et la moitié de l'huile d'olive dans un plat puis faites-les rôtir 30 minutes au four, sans couvrir, jusqu'à ce qu'elles soient légèrement dorées.

3. Pendant ce temps, faites chauffer le reste d'huile dans une sauteuse et faites revenir l'ail et l'oignon en remuant. Quand l'oignon est tendre, ajoutez les tomates, le paprika et le thym. Laissez frémir 1 minute environ, jusqu'à ce que les tomates soient fondues. Versez le bouillon de poule et la sauce piri-piri. Portez à ébullition puis laissez mijoter 10 minutes à feu doux, en remuant de temps en temps, jusqu'à épaississement.

4. Retirez les pommes de terre du four. Baissez le thermostat à 180 °C.

5. Versez la sauce sur les pommes de terre et laissez cuire au four pendant 20 minutes. Parsemez de persil et servez aussitôt.

Par portion *157 kcal ; 6,5 g de lipides (dont 0,9 g de graisses saturées) ; 18,2 g de glucides ; 4,5 g de protéines ; 3,9 g de fibres*

Le piri-piri est une sauce originaire du Portugal à base de piment, d'ail, de gingembre, d'huile et d'herbes aromatiques. Vous pouvez vous en procurer dans les épiceries fines. Cette recette peut aussi se préparer avec des pontiacs.

Pommes de terre au four

Pour 8 pommes de terre

Préparation + cuisson 1 h 10

8 pommes de terre king-edward (1,4 kg) avec la peau

1. Préchauffez le four à 180 °C.

2. Piquez les pommes de terre avec une pique à brochette ou une fourchette. Enveloppez-les dans du papier d'aluminium et mettez-les sur une plaque de cuisson. Laissez-les cuire 1 heure, jusqu'à ce qu'elles soient tendres. Garnissez-les éventuellement au moment de servir.

Par pomme de terre *118 kcal ; 0,2 g de lipides (dont 0 g de graisses saturées) ; 22,9 g de glucides ; 4,2 g de protéines ; 3,5 g de fibres*

Yaourt au citron et au piment
Mélangez 200 g de yaourt nature, 2 cuillerées à soupe de coriandre ciselée, 2 petits piments thaïs rouges émincés et 1 cuillerée à café de zeste de citron râpé. Réfrigérez jusqu'au moment de servir.

Par pomme de terre *135 kcal ; 1 g de lipides (dont 0,5 g de graisses saturées) ; 24,1 g de glucides ; 5,3 g de protéines ; 3,5 g de fibres*

Crème de fromage et pesto
Mélangez 4 cuillerées à soupe de fromage frais à tartiner, ½ cuillerée à café de grains de poivre noir concassés et 2 cuillerées à soupe de pesto. Réfrigérez jusqu'au moment de servir.

Par pomme de terre *231 kcal ; 11,3 g de lipides (dont 5,2 g de graisses saturées) ; 23,6 g de glucides ; 7 g de protéines ; 3,8 g de fibres*

Sauce moutarde aux noix
Mélangez 60 g de beurre ramolli, 1 cuillerée à café de moutarde à l'ancienne et 2 cuillerées à soupe de noix grillées et broyées. Réfrigérez jusqu'au moment de servir.

Par pomme de terre *189 kcal ; 7,9 g de lipides (dont 4,1 g de graisses saturées) ; 23,1 g de glucides ; 4,6 g de protéines ; 3,7 g de fibres*

Piquez les pommes de terre de part en part avec une pique à brochette ou une fourchette.

Enveloppez-les dans une feuille de papier d'aluminium pour que leur peau reste tendre.

Huilez légèrement la pomme de terre et enrobez-la de sel pour que sa peau devienne croustillante.

Gratin de pommes de terre au fenouil

Pour 8 personnes

Préparation + cuisson 1 h 35

800 g de pommes de terre sebago pelées
2 petits bulbes de fenouil (400 g) émincés
1 c. à s. de farine
430 ml de crème fraîche
60 ml de lait
20 g de beurre coupé en dés
90 g de gruyère ou de cheddar râpés
50 g de chapelure

1. Préchauffez le four à 180 °C. Huilez un plat à gratin de 2 litres.

2. À l'aide d'un couteau aiguisé ou d'une mandoline, coupez les pommes de terre en tranches de 2 mm d'épaisseur, puis essuyez-les avec du papier absorbant. Disposez un quart des pommes de terre dans le plat, recouvrez-les avec un tiers du fenouil, puis répétez l'opération. Terminez par une couche de pommes de terre.

3. Délayez la farine avec un peu de crème, puis ajoutez le reste de crème et le lait. Versez cette préparation sur les pommes de terre et parsemez de dés de beurre. Couvrez avec une feuille d'aluminium et laissez cuire environ 1 heure au four. Retirez la feuille d'aluminium, ajoutez le fromage râpé et saupoudrez de chapelure. Faites gratiner 15 minutes, puis retirez du four et servez.

Par portion *391 kcal ; 29,7 g de lipides (dont 19,4 g de graisses saturées) ; 21,7 g de glucides ; 8,1 g de protéines ; 3,4 g de fibres*

Cette recette peut également se préparer avec des spuntas.

Pommes de terre gratinées au romarin

Pour 6 personnes

Préparation + cuisson 1 h 35

1 kg de pommes de terre spunta pelées
300 ml de crème liquide
2 gousses d'ail pilées
2 cubes de bouillon de poule émiettés
¼ de c. à c. de poivre noir concassé
1 c. à s. de romarin frais ciselé
40 g de parmesan râpé

1. Préchauffez le four à 180 °C. Huilez un plat à gratin de 2,5 litres.

2. À l'aide d'un couteau aiguisé ou d'une mandoline, coupez les pommes de terre en tranches fines, puis essuyez-les avec du papier absorbant. Mélangez la crème, l'ail, les cubes de bouillon, le poivre et le romarin dans un récipient.

3. Disposez un quart des pommes de terre dans le plat, en les faisant se chevaucher. Nappez-les d'un quart du mélange à la crème puis répétez l'opération avec le reste des ingrédients.

4. Appuyez fermement sur les pommes de terre avec une spatule en bois pour qu'elles soient complètement recouvertes de crème, puis couvrez avec une feuille d'aluminium et laissez cuire 1 heure au four. Retirez la feuille d'aluminium, saupoudrez de parmesan et poursuivez la cuisson 20 minutes, jusqu'à ce que les pommes de terre soient tendres et le fromage bien doré. Laissez reposer 10 minutes puis servez.

Par portion *346 kcal ; 24,1 g de lipides (dont 15,7 g de graisses saturées) ; 23,7 g de glucides ; 7,7 g de protéines ; 2,8 g de fibres*

Cette recette peut aussi se réaliser avec des désirées ou des russet-burbank.

Tiella

Originaire de Calabre, dans le Sud-Est de l'Italie, la tiella est un plat traditionnel à base de légumes. Ce nom sert aussi à désigner l'ustensile utilisé pour sa préparation.

Pour 8 personnes

Préparation + cuisson 2 h 10 + repos

2 petites aubergines (460 g)
2 c. à s. de gros sel
1 kg de tomates moyennes pelées, épépinées et émincées
1 oignon brun moyen (150 g) émincé
2 branches de céleri (300 g) parées et émincées
2 gousses d'ail pilées
1 c. à s. d'origan frais ciselé
1 c. à s. de persil plat ciselé
1 kg de pommes de terre sebago pelées
60 ml d'huile d'olive
2 c. à s. de feuilles d'origan frais

1. Coupez les aubergines en fines rondelles et saupoudrez-les de sel. Laissez-les dégorger dans une passoire pendant 1 heure, puis rincez-les à l'eau froide et essuyez-les avec du papier absorbant.

2. Préchauffez le four à 180 °C.

3. Mélangez les tomates, l'oignon, le céleri, l'ail, l'origan et le persil dans un récipient.

4. À l'aide d'un couteau aiguisé ou d'une mandoline, coupez les pommes de terre en tranches de 2 mm d'épaisseur, puis essuyez-les avec du papier absorbant. Disposez la moitié des pommes de terre dans un plat à gratin de 3 litres légèrement huilé, puis ajoutez la moitié des aubergines et la moitié des tomates. Arrosez avec 30 ml d'huile. Répétez l'opération.

5. Couvrez avec une feuille d'aluminium et laissez cuire 1 heure au four. Retirez l'aluminium et poursuivez la cuisson 30 minutes, jusqu'à ce que les légumes soient tendres. Parsemez la tiella de feuilles d'origan et servez.

Par portion *173 kcal ; 7,2 g de lipides (dont 1 g de graisses saturées) ; 20,1 g de glucides ; 4,6 g de protéines ; 4,6 g de fibres*

Purées, gnocchis et gratins

Réussir les purées

Écrasez les pommes de terre dans un récipient, à l'aide d'un presse-purée traditionnel, lorsqu'elles sont encore chaudes. N'utilisez pas de robot électrique, car votre purée deviendrait collante. Faites préalablement chauffer tout ingrédient liquide que vous souhaitez incorporer.

En fonction de la variété de pomme de terre, du mode de cuisson (eau, vapeur ou micro-ondes) et de la fraîcheur du produit, la quantité d'eau absorbée lors de la cuisson sera plus ou moins importante. Par conséquent, la quantité de liquide nécessaire pour réussir une purée est variable. Avec l'expérience, vous serez capable de reconnaître à l'œil si une purée a suffisamment de liquide ou non. Nous avons réalisé nos meilleures purées avec des lasodas.

Pour 4 personnes

Préparation + cuisson 30 minutes

1 kg de pommes de terre lasoda pelées et coupées en morceaux
40 g de beurre ramolli
180 ml de lait chaud

1. Placez les pommes de terre dans une grande casserole d'eau froide, de sorte qu'elles soient immergées. Portez à ébullition et laissez cuire à feu moyen, sans couvrir, pendant 15 minutes environ, jusqu'à ce que les pommes de terre soient tendres. Égouttez.

2. Avec le dos d'une cuillère en bois, pressez les pommes de terre dans un tamis, au-dessus d'un récipient. Ajoutez le beurre et le lait. Remuez jusqu'à obtention d'une purée onctueuse.

Par portion *271 kcal ; 10,2 g de lipides (dont 6,6 g de graisses saturées) ; 35 g de glucides ; 7,6 g de protéines ; 4 g de fibres*

La quantité de lait dépend de la variété des pommes de terre. Pour une purée irrésistiblement fondante et mousseuse, suivez la recette ! Choisissez des pommes de terre riches en amidon et veillez à ne pas les faire trop cuire. Utilisez un tamis, comme ici, ou bien un presse-purée, ou encore un moulin à légumes. Les purées sont également délicieuses avec des pink-eyes ou des sebagos.

Trois ustensiles pour faire les purées :

le tamis…

… le presse-purée…

… ou le moulin à légumes.

Hachis Parmentier

Pour 8 personnes

Préparation + cuisson 2 heures

1 c. à s. d'huile d'olive
1 gros oignon brun (200 g) émincé
2 gousses d'ail pilées
2 carottes moyennes (240 g) pelées et grossièrement râpées
1 kg de bœuf haché
1 c. à s. de sauce Worcestershire
2 c. à s. de concentré de tomate
900 g de tomates en boîte
1 c. à c. d'herbes de Provence
200 g de champignons de Paris coupés en quatre
120 g de petits pois surgelés
1 kg de pommes de terre sebago pelées et coupées en morceaux
40 g de beurre ramolli
180 ml de lait chaud
50 g de gruyère râpé

1. Faites chauffer l'huile d'olive dans une sauteuse et faites revenir l'oignon, l'ail et les carottes. Quand l'oignon est tendre, ajoutez le bœuf et laissez cuire 10 minutes, jusqu'à ce que la viande ait changé de couleur.

2. Ajoutez la sauce Worcestershire, le concentré de tomate, les tomates en conserve avec leur jus et les herbes. Portez à ébullition puis laissez mijoter 30 minutes pour que la sauce épaississe. Incorporez enfin les champignons de Paris et les petits pois.

3. Préchauffez le four à 180 °C.

4. Pendant ce temps, faites cuire les pommes de terre à l'eau, à la vapeur ou au micro-ondes, puis égouttez-les et écrasez-les en purée, avec le beurre et le lait, dans un grand récipient.

5. Mettez la sauce à la viande dans un plat à gratin de 3 litres, nappez de purée et saupoudrez de fromage râpé. Faites gratiner environ 35 minutes, jusqu'à ce que le hachis Parmentier soit bien chaud et doré.

Par portion *432 kcal ; 20,7 g de lipides (dont 9,5 g de graisses saturées) ; 26,3 g de glucides ; 32,2 g de protéines ; 6,2 g de fibres*

Vous pouvez préparer le hachis Parmentier 2 jours à l'avance et le conserver, couvert, au réfrigérateur. Réchauffez-le au four à 160 °C pendant 40 minutes environ. Vous pouvez également le surgeler pendant 3 mois. Laissez-le décongeler 1 nuit au réfrigérateur avant de le réchauffer comme expliqué ci-dessus.

Purée aromatisée

Pour 4 personnes

Préparation + cuisson 30 minutes ou plus, en fonction de la variation

1 kg de pommes de terre lasoda pelées et coupées en cubes
50 g de beurre ramolli
125 ml de crème liquide chaude

Variations
4 gousses d'ail grillées pilées
340 g d'asperges en conserve égouttées et émincées
+ 50 g de parmesan râpé
2 c. à c. de wasabi
1 c. à s. de pesto de tomate séchée à l'huile
2 c. à s. de pesto
180 g de thon au naturel égoutté et émietté
2 c. à c. de sambal oelek
150 g de purée de pommes épicée

1. Faites cuire les pommes de terre 15 minutes à l'eau, à la vapeur ou au micro-ondes, jusqu'à ce qu'elles soient tendres, puis égouttez-les.

2. Pendant ce temps, préparez la variation de votre choix.

3. Écrasez les pommes de terre avec le beurre et la crème liquide, jusqu'à obtention d'une purée onctueuse. Incorporez la variation de votre choix.

Par portion de purée nature *452 kcal ; 24,5 g de lipides (dont 15,8 g de graisses saturées) ; 46,6 g de glucides ; 8,2 g de protéines ; 6,6 g de fibres*

Voir page 59 les conseils sur la préparation de la purée.
Au besoin, vous pouvez préparer votre variation avant de faire cuire les pommes de terre.

Gnocchis

Pour 8 personnes

Préparation + cuisson 1 heure + réfrigération

1 kg de pommes de terre russet-burbank avec la peau
2 œufs légèrement battus
30 g de beurre fondu
20 g de parmesan râpé
300 g de farine

1. Faites cuire les pommes de terre à l'eau, à la vapeur ou au micro-ondes, puis égouttez-les. Pelez-les et écrasez-les dans un saladier, à l'aide d'un presse-purée, d'un moulin à légumes ou d'un tamis et d'une cuillère en bois. Incorporez les œufs, le beurre fondu, le parmesan et suffisamment de farine pour obtenir une pâte ferme.

2. Divisez la pâte en 8 portions égales, que vous roulerez en forme de cylindres de 2 cm de diamètre. Coupez ces derniers en tronçons de 2 cm d'épaisseur, puis formez une boulette avec chaque rondelle.

3. Roulez chaque boulette sur les dents d'une fourchette, en pressant légèrement sur la boule avec l'index de façon à obtenir la forme classique d'un gnocchi : des cannelures d'un côté et une petite ride au milieu de l'autre. Déposez les gnocchis en une seule couche sur une plaque de cuisson farinée et mettez-les pour 1 heure au réfrigérateur.

4. Pour faire cuire les gnocchis, plongez-les dans un grand volume d'eau bouillante salée. Dès qu'ils remontent à la surface, au bout de 3 minutes environ, retirez-les avec une écumoire puis égouttez-les. Servez chaud, avec une sauce de votre choix (pesto, sauce tomate, sauce aux 3 fromages ou toute autre sauce pour pâtes).

Par portion *274 kcal ; 5,8 g de lipides (dont 3 g de graisses saturées) ; 43,4 g de glucides ; 9,7 g de protéines ; 3,9 g de fibres*

Ajoutez à la pâte 1 cuillerée à café d'herbes aromatiques de votre choix : romarin, thym, sauge ou origan. Les pommes de terre doivent être réduites en purée lorsqu'elles sont encore chaudes, mais vous pouvez attendre que la purée refroidisse un peu avant d'y incorporer les autres ingrédients.

Incorporez suffisamment de farine pour obtenir une pâte ferme.

Travaillez du bout des doigts la pâte pour former de longs rouleaux.

Roulez les boulettes contre le dos d'une fourchette pour former des gnocchis.

Écrasée de pommes de terre

Pour 4 personnes

Préparation + cuisson 20 minutes ou plus, en fonction de la variation

1 kg de pommes de terre nouvelles avec la peau
40 g de beurre ramolli
120 g de crème fraîche

1. Faites cuire les pommes de terre à l'eau, à la vapeur ou au micro-ondes, puis égouttez-les.

2. Écrasez en purée lisse la moitié des pommes de terre avec le beurre et la crème fraîche, avant d'incorporer les autres ingrédients (voir recettes ci-contre).

3. Écrasez délicatement à la fourchette ou au presse-purée le reste des pommes de terre, de sorte qu'elles s'aplatissent légèrement et que leur peau éclate, puis incorporez-les à la préparation. Servez.

Par portion *354 kcal ; 20,4 g de lipides (dont 13,2 g de graisses saturées) ; 33,7 g de glucides ; 6,8 g de protéines ; 5 g de fibres*

Écrasée aux condiments

Mélangez 6 gros cornichons coupés en rondelles, 3 oignons nouveaux grossièrement hachés, 3 cuillerées à soupe de persil plat grossièrement haché et 1 cuillerée à soupe de câpres rincées grossièrement hachées.

Par portion *370 kcal ; 20,5 g de lipides (dont 13,2 g de graisses saturées) ; 37,5 g de glucides ; 6,7 g de protéines ; 5 g de fibres*

Écrasée César

Faites frire 3 tranches de bacon découpées en petits morceaux dans une poêle antiadhésive, puis égouttez-les sur du papier absorbant. Mettez-les dans un récipient, avec 4 filets d'anchois émincés, 1 gousse d'ail pilée, 3 oignons nouveaux émincés et 50 g de parmesan en copeaux.

Par portion *448 kcal ; 25,8 g de lipides (dont 16,1 g de graisses saturées) ; 34,5 g de glucides ; 17,7 g de protéines ; 4,5 g de fibres*

Écrasée aux herbes et à la moutarde

Mettez dans un récipient 1 cuillerée à soupe de moutarde à l'ancienne, 2 cuillerées à soupe de ciboulette fraîche ciselée, 2 cuillerées à soupe de persil plat grossièrement haché, 2 cuillerées à soupe de basilic frais grossièrement haché et 2 cuillerées à soupe d'aneth grossièrement haché.

Par portion *354 kcal ; 20,5 g de lipides (dont 13,2 g de graisses saturées) ; 33,5 g de glucides ; 6,5 g de protéines ; 4,7 g de fibres*

Écrasez la moitié des pommes de terre, la crème et le beurre dans un saladier.

Quand la purée est onctueuse, incorporez la variation de votre choix.

Écrasez grossièrement le reste des pommes de terre, de sorte que la peau éclate.

Écrasée de kipfler

Pour 4 personnes

Préparation + cuisson 30 minutes

1 kg de pommes de terre kipfler avec la peau
40 g de beurre ramolli
120 g de crème fraîche
125 ml de lait chaud

1. Faites cuire les pommes de terre avec leur peau à l'eau, à la vapeur ou au micro-ondes, puis égouttez-les.

2. Écrasez environ la moitié des pommes de terre (avec leur peau) avec le beurre, la crème fraîche et le lait, dans un grand saladier, jusqu'à obtention d'une purée lisse. Incorporez un des assaisonnements décrits à la page 64, si vous le souhaitez.

3. À l'aide d'une fourchette ou d'un presse-purée, écrasez délicatement le reste des pommes de terre, de sorte que la peau éclate et que la chair soit légèrement aplatie. Incorporez les pommes de terre dans la purée.

Par portion *375 kcal ; 21,6 g de lipides (dont 14 g de graisses saturées) ; 35,2 g de glucides ; 7,8 g de protéines ; 5 g de fibres*

Gratin aux herbes et au fromage

Pour 4 personnes

Préparation + cuisson 1 h 10

500 g de pommes de terre sebago pelées et coupées en morceaux
30 g de beurre ramolli
2 œufs légèrement battus
300 ml de crème liquide
120 g de gruyère ou de cheddar râpés
2 c. à s. de ciboulette ciselée

1. Faites cuire les pommes de terre à l'eau, à la vapeur ou au micro-ondes, puis égouttez-les. Écrasez-les en purée, avec le beurre et les œufs, pour obtenir un mélange onctueux. Transférez le tout dans un plat à gratin de 1,5 litre légèrement beurré.

2. Préchauffez le four à 180 °C.

3. Mélangez la crème liquide, le fromage râpé et la ciboulette, puis versez cet appareil sur la purée. Faites gratiner 40 minutes au four, jusqu'à ce que le dessus soit doré et croustillant.

Par portion *597 kcal ; 51,5 g de lipides (dont 32,7 g de graisses saturées) ; 18,7 g de glucides ; 15,4 g de protéines ; 2 g de fibres*

Pour préparer des petits gratins individuels, répartissez le mélange à base de purée dans 4 petits moules individuels de 375 ml. Le temps de cuisson sera réduit à 30 minutes. Cette recette peut aussi se préparer avec des colibans ou des nicolas.

Pomme de terre + fève

Pour 4 personnes

Préparation + cuisson 30 minutes

1 kg de fèves fraîches
2 c. à s. de crème liquide chaude
1 kg de pommes de terre lasoda coupées en morceaux
40 g de beurre fondu
2 c. à s. de crème liquide chaude

1. Faites cuire les fèves à l'eau, à la vapeur ou au micro-ondes, puis égouttez-les. Retirez leur pellicule grisâtre, puis mixez-les au robot électrique. Ajoutez 2 cuillerées à soupe de crème liquide chaude et mélangez.

2. Faites cuire les pommes de terre à l'eau, à la vapeur ou au micro-ondes, puis égouttez-les. Écrasez-les en purée, puis mélangez-les avec la purée de fève. Incorporez à cette préparation le beurre fondu et 2 cuillerées à soupe de crème liquide chaude.

Par portion *433 kcal ; 17,9 g de lipides (dont 11,3 g de graisses saturées) ; 44,3 g de glucides ; 18,1 g de protéines ; 11,1 g de fibres*

Pomme de terre + poivron

Pour 4 personnes

Préparation + cuisson 30 minutes

2 poivrons rouges moyens (400 g)
1 kg de pommes de terre lasoda coupées en morceaux
120 ml de crème liquide chaude
20 g de beurre ramolli

1. Coupez les poivrons en quatre, retirez les pépins et les membranes puis faites griller la chair au four, jusqu'à ce que la peau noircisse et gonfle. Couvrez avec du film alimentaire pendant 5 minutes, puis pelez les poivrons et hachez-les finement.

2. Pendant ce temps, faites cuire les pommes de terre à l'eau, à la vapeur ou au micro-ondes, puis égouttez-les. Écrasez-les en purée, en incorporant progressivement la crème liquide chaude et le beurre ramolli. Ajoutez les poivrons et mélangez.

Par portion *346 kcal ; 18 g de lipides (dont 11,6 g de graisses saturées) ; 36,2 g de glucides ; 7,7 g de protéines ; 4,7 g de fibres*

Pomme de terre + patate douce

Pour 4 personnes

Préparation + cuisson 30 minutes

500 g de pommes de terre lasoda coupées en gros cubes
500 g de patates douces coupées en gros cubes
40 g de beurre fondu
30 ml de bouillon de poule chaud

Faites cuire ensemble les pommes de terre et les patates douces à l'eau, à la vapeur ou au micro-ondes. Lorsque les légumes sont tendres, égouttez-les puis écrasez-les en purée, en incorporant progressivement le beurre fondu et le bouillon de poule chaud.

Par portion *245 kcal ; 8,5 g de lipides (dont 5,4 g de graisses saturées) ; 34,2 g de glucides ; 5,6 g de protéines ; 4,3 g de fibres*

Pomme de terre + fenouil

Pour 4 personnes

Préparation + cuisson 30 minutes

60 g de beurre
1 gros bulbe de fenouil (300 g) émincé
1 kg de pommes de terre lasoda coupées en morceaux
120 ml de crème liquide chaude

1. Faites fondre le beurre dans une sauteuse et faites suer le fenouil à couvert pendant 10 minutes à feu doux, jusqu'à ce qu'il soit très tendre, puis mixez-le.

2. Pendant ce temps, faites cuire les pommes de terre à l'eau, à la vapeur ou au micro-ondes, puis égouttez-les. Écrasez-les puis mélangez-les avec le fenouil et la crème liquide chaude.

Par portion *310 kcal ; 13,8 g de lipides (dont 8,9 g de graisses saturées) ; 36 g de glucides ; 7,3 g de protéines ; 6,1 g de fibres*

Pomme de terre + épinard

Pour 4 personnes

Préparation + cuisson 30 minutes

1 kg de pommes de terre lasoda coupées en morceaux
220 g d'épinards
40 g de beurre ramolli
120 ml de crème liquide chaude

1. Faites cuire séparément, à l'eau, à la vapeur ou au micro-ondes, les pommes de terre et les épinards jusqu'à ce qu'ils aient réduit, puis égouttez.

2. Pressez les épinards pour éliminer l'excès de liquide, puis mixez-les avec le beurre ramolli jusqu'à obtention d'une préparation presque lisse. Écrasez les pommes de terre en purée avant d'incorporer les épinards et la crème liquide chaude. Remuez jusqu'à obtention d'une purée onctueuse.

Par portion *377 kcal ; 22,1 g de lipides (dont 14,3 g de graisses saturées) ; 34 g de glucides ; 8 g de protéines ; 5,5 g de fibres*

Pomme de terre + petit pois

Pour 4 personnes

Préparation + cuisson 30 minutes

1 kg de pommes de terre lasoda coupées en morceaux
200 g de petits pois surgelés
150 ml de lait chaud
50 g de beurre ramolli

1. Faites cuire séparément, à l'eau, à la vapeur ou au micro-ondes, les pommes de terre et les petits pois jusqu'à ce que les légumes soient tendres, puis égouttez.

2. Écrasez les pommes de terre en purée. Incorporez le lait chaud et le beurre ramolli. Avec une fourchette, écrasez les petits pois et incorporez-les à la purée.

Par portion *333 kcal ; 12,6 g de lipides (dont 8 g de graisses saturées) ; 39,8 g de glucides ; 11,1 g de protéines ; 7,5 g de fibres*

Pomme de terre + céleri-rave

Pour 4 personnes

Préparation + cuisson 30 minutes

800 g de pommes de terre lasoda coupées en morceaux
1 kg de céleri-rave coupé en gros cubes
120 ml de crème liquide chaude
60 g de beurre ramolli

1. Faites cuire séparément, à l'eau, à la vapeur ou au micro-ondes, les pommes de terre et le céleri-rave, puis égouttez.

2. Écrasez le tout, en incorporant progressivement la crème liquide chaude et le beurre ramolli.

Par portion *439 kcal ; 26,5 g de lipides (dont 17 g de graisses saturées) ; 39,7 g de glucides ; 5,5 g de protéines ; 10,7 g de fibres*

Pomme de terre + potiron

Pour 4 personnes

Préparation + cuisson 30 minutes

500 g de pommes de terre lasoda coupées en morceaux
500 g de potiron coupé en gros cubes
30 g de beurre ramolli

1. Faites cuire ensemble, à l'eau, à la vapeur ou au micro-ondes, les pommes de terre et le potiron, jusqu'à ce qu'ils soient tendres. Égouttez-les.

2. Écrasez-les ensemble en purée, avec le beurre.

Par portion *189 kcal ; 6,8 g de lipides (dont 4,4 g de graisses saturées) ; 24,4 g de glucides ; 5,7 g de protéines ; 3,5 g de fibres*

Gratin à la paysanne

Pour 4 personnes

Préparation + cuisson 1 h 10

1 kg de pommes de terre lasoda pelées et coupées en morceaux
20 g de beurre
3 tranches de bacon (200 g) émincées
4 oignons nouveaux émincés
150 g de mayonnaise
120 g de crème fraîche
125 ml de crème liquide
2 œufs légèrement battus
1 c. à s. de moutarde à l'ancienne
2 c. à s. de persil plat grossièrement haché
60 g de parmesan râpé

1. Faites cuire les pommes de terre à l'eau, à la vapeur ou au micro-ondes, puis égouttez-les.

2. Pendant ce temps, faites fondre le beurre dans une sauteuse et faites revenir le bacon et les oignons, jusqu'à ce que le bacon soit croustillant.

3. Préchauffez le four à 180 °C.

4. Écrasez les pommes de terre avec la mayonnaise, la crème fraîche et la crème liquide. Ajoutez le bacon et les oignons, les œufs, la moutarde, le persil et deux tiers du parmesan. Mélangez bien puis étalez cette purée dans un plat à gratin de 1,75 litre légèrement beurré. Parsemez le parmesan restant sur la purée et laissez gratiner 30 minutes au four.

Par portion *772 kcal ; 54 g de lipides (dont 26,5 g de graisses saturées) ; 42,6 g de glucides ; 27,7 g de protéines ; 4,6 g de fibres*

Nous avons utilisé de la mayonnaise préparée avec des œufs entiers. Cette recette peut aussi se réaliser avec des pink-eyes ou des sebagos.

Champignons farcis

Pour 4 personnes

Préparation + cuisson 40 minutes

500 g de pommes de terre lasoda pelées et coupées en morceaux
30 g de beurre ramolli
60 ml de crème liquide chaude
8 champignons portobello ou gros champignons de Paris (400 g)
1 petit oignon brun (80 g) émincé
2 gousses d'ail pilées
1 petit piment thaï rouge émincé
120 g de gruyère ou de cheddar râpés
2 c. à s. de persil plat ciselé
2 c. à s. de ciboulette ciselée
1 c. à c. de thym frais

1. Préchauffez le four à 180 °C.

2. Faites cuire les pommes de terre à l'eau, à la vapeur ou au micro-ondes jusqu'à ce qu'elles soient tendres, puis égouttez-les et écrasez-les en purée, avec 20 g de beurre et la crème liquide. Couvrez pour maintenir au chaud.

3. Pendant ce temps, retirez les pieds des champignons et réservez-les. Badigeonnez les têtes avec le reste de beurre et mettez-les à l'envers sur une plaque de cuisson. Faites rôtir 5 minutes au four, sans couvrir, puis couvrez pour maintenir au chaud.

4. Hachez finement les pieds des champignons et faites-les revenir avec l'oignon, l'ail et le piment dans une poêle antiadhésive légèrement huilée. Lorsque l'oignon est tendre, ajoutez le fromage râpé, le persil, la ciboulette et le thym. Mélangez bien.

5. Incorporez la purée et farcissez les têtes de champignon avec le mélange obtenu.

6. Réglez le four en position gril et faites dorer les champignons pendant 5 minutes.

Par portion *428 kcal ; 31 g de lipides (dont 18,1 g de graisses saturées) ; 18,5 g de glucides ; 15 g de protéines ; 5,1 g de fibres*

Pommes duchesses

Pour 40 pièces

Préparation + cuisson 1 heure

1 kg de pommes de terre nicola pelées et coupées en morceaux
100 g de beurre fondu
3 jaunes d'œufs

1. Préchauffez le four à 180 °C. Huilez 2 plaques de cuisson et chemisez-les de papier sulfurisé.

2. Faites cuire les pommes de terre à l'eau, à la vapeur ou au micro-ondes, puis égouttez-les et écrasez-les en purée, avec le beurre fondu et les jaunes d'œufs.

3. Mettez la purée dans une poche à douille munie d'un embout cannelé de 1 cm de diamètre et façonnez des bouchées de 3 cm de diamètre sur les plaques de cuisson.

4. Faites-les cuire 30 minutes au four, jusqu'à ce qu'elles soient dorées.

Par pièce *40 kcal ; 2,5 g de lipides (dont 1,5 g de graisses saturées) ; 3,3 g de glucides ; 0,8 g de protéines ; 0,4 g de fibres*

Cette recette peut aussi se préparer avec des colibans ou des lasodas.

Tartelettes végétariennes

Pour 4 personnes

Préparation + cuisson 45 minutes

1 kg de pommes de terre lasoda pelées et coupées en morceaux
125 ml de bouillon de légumes chaud
30 g de beurre
2 gousses d'ail pilées
200 g de champignons de Paris coupés en tranches épaisses
2 c. à s. de basilic ciselé
2 oignons nouveaux émincés
80 g de gruyère ou de cheddar râpés
30 g de beurre fondu
3 feuilles de pâte filo

1. Faites cuire les pommes de terre à l'eau, à la vapeur ou au micro-ondes, puis égouttez-les et écrasez-les en purée, avec le bouillon.

2. Pendant ce temps, faites fondre le beurre dans une petite poêle puis faites revenir l'ail et les champignons en remuant. Lorsque les champignons sont tendres, incorporez le tout à la purée, avec le basilic, les oignons nouveaux et la moitié du fromage râpé.

3. Préchauffez le four à 200 °C. Huilez 4 moules à tartelettes de 250 ml, puis placez une bande de papier sulfurisé de 30 x 2,5 cm au travers de chaque moule, de sorte que la bande dépasse de 5 cm de chaque côté.

4. Badigeonnez de beurre fondu les feuilles de pâte filo, empilez-les puis coupez-les en 4 carrés.

5. Disposez ces carrés dans les moules. Garnissez de purée aux champignons et saupoudrez avec le reste du fromage.

6. Faites cuire les tartelettes 15 minutes au four. Démoulez à l'aide des bandes de papier sulfurisé et servez avec une salade verte.

Par portion *406 kcal ; 19,9 g de lipides (dont 12,5 g de graisses saturées) ; 39,3 g de glucides ; 14,5 g de protéines ; 5,9 g de fibres*

Cette recette peut aussi se préparer avec des nicolas ou des sebagos.

Quiche de pomme de terre au saumon fumé

Pour 6 personnes

Préparation + cuisson 45 minutes

1 kg de pommes de terre pink-eye pelées et coupées en morceaux
40 g de beurre ramolli
60 g de crème fraîche
200 g de saumon fumé grossièrement haché
2 œufs, blancs et jaunes séparés
2 oignons nouveaux émincés

1. Préchauffez le four à 180 °C.

2. Faites cuire les pommes de terre à l'eau, à la vapeur ou au micro-ondes, puis égouttez-les et écrasez-les en purée, avec le beurre et la crème fraîche. Ajoutez le saumon fumé, 1 jaune d'œuf, les 2 blancs d'œufs et les oignons nouveaux.

3. Transférez la préparation dans un moule à tarte de 22 cm de diamètre. Badigeonnez avec le jaune d'œuf restant et faites cuire 25 minutes au four, jusqu'à ce que la quiche soit dorée.

Par portion *268 kcal ; 12,9 g de lipides (dont 7 g de graisses saturées) ; 22,4 g de glucides ; 14,2 g de protéines ; 2,7 g de fibres*

Vous pouvez aussi utiliser un moule à fond amovible de 22 cm de diamètre et remplacer les pink-eyes par des lasodas ou des sebagos.

Purée au mascarpone

Pour 4 personnes

Préparation + cuisson 30 minutes

1 kg de pommes de terre sebago pelées et coupées en morceaux
250 g de mascarpone
80 g de parmesan râpé
80 g de mozzarella râpée
125 ml de lait chaud

Faites cuire les pommes de terre à l'eau, à la vapeur ou au micro-ondes jusqu'à ce qu'elles soient tendres, puis égouttez-les et écrasez-les en purée, avec les autres ingrédients.

Par portion *661 kcal ; 48,1 g de lipides (dont 31,3 g de graisses saturées) ; 35,4 g de glucides ; 20,7 g de protéines ; 4 g de fibres*

Cette recette peut aussi se préparer avec des colibans ou des pink-eyes.

Salades, soupes, quiches & Cie

Réussir les salades de pommes de terre

Fermes, pauvres en amidon, les variétés comme les bintjes, les désirées et les sebagos sont les meilleures pour réussir votre salade de pommes de terre. Veillez à ne pas les faire trop cuire – elles risqueraient de s'effriter.

Pour 8 personnes

Préparation + cuisson 40 minutes + réfrigération

2 kg de pommes de terre sebago pelées
2 c. à s. de vinaigre de cidre
8 oignons nouveaux émincés
2 c. à s. de persil plat finement haché

Mayonnaise
2 jaunes d'œufs
1 c. à c. de moutarde de Dijon
2 c. à c. de jus de citron
250 ml d'huile végétale
2 c. à s. d'eau chaude

1. Coupez les pommes de terre en dés de 1,5 cm de côté, puis mettez-les dans une casserole et versez de l'eau froide à niveau. Couvrez et portez à ébullition, puis laissez mijoter en remuant jusqu'à ce qu'elles soient tendres. Égouttez les pommes de terre, étalez-les dans un plat peu profond et arrosez-les de vinaigre de cidre. Laissez-les refroidir 10 minutes à température ambiante puis gardez-les au réfrigérateur, en les couvrant, jusqu'à ce qu'elles soient complètement froides.

2. Pendant ce temps, préparez la mayonnaise.

3. Dans un saladier, mélangez délicatement les pommes de terre avec la mayonnaise, les oignons nouveaux et le persil.

Mayonnaise
Mixez les jaunes d'œufs, la moutarde et le jus de citron jusqu'à obtention d'un mélange lisse, puis versez l'huile en filet régulier, sans cesser de mixer, jusqu'à ce que la mayonnaise épaississe. Ajoutez autant d'eau chaude que nécessaire pour la rendre suffisamment fluide.

Par portion *441 kcal ; 30,4 g de lipides (dont 4,1 g de graisses saturées) ; 33,3 g de glucides ; 7 g de protéines ; 4,2 g de fibres*

Épluchez les pommes de terre puis coupez-les en dés de 1,5 cm de côté.

Quand les pommes de terre sont tendres, égouttez-les.

Disposez les dés de pomme de terre sur un plat, puis arrosez-les de vinaigre de cidre.

Tortilla au chorizo

Pour 4 personnes

Préparation + cuisson 45 minutes

800 g de pommes de terre russet-burbank pelées et coupées en fines rondelles
1 c. à s. d'huile d'olive
1 gros oignon brun (200 g) émincé
200 g de chorizo en fines rondelles
6 œufs légèrement battus
300 ml de crème liquide
4 oignons nouveaux en tranches épaisses
25 g de mozzarella râpée
30 g de gruyère ou de cheddar râpés

1. Faites cuire les pommes de terre à l'eau, à la vapeur ou au micro-ondes, puis égouttez-les.

2. Pendant ce temps, faites chauffer l'huile d'olive dans une sauteuse et faites revenir l'oignon en remuant. Lorsqu'il est tendre, ajoutez le chorizo et laissez-le cuire jusqu'à ce qu'il soit croustillant, puis égouttez la préparation sur du papier absorbant.

3. Dans un saladier, battez les œufs avec la crème liquide avant d'incorporer les oignons nouveaux, la mozzarella et le gruyère. Ajoutez enfin les pommes de terre et la préparation à base de chorizo.

4. Versez ce mélange dans une poêle antiadhésive chaude, légèrement huilée, et laissez mijoter à feu doux, à couvert, pendant 10 minutes, jusqu'à ce que la tortilla soit ferme. Retournez-la sur une assiette puis faites-la glisser dans la poêle. Poursuivez la cuisson sans couvrir pendant 5 minutes environ, jusqu'à ce que la tortilla soit cuite.

Par portion *881 kcal ; 68,1 g de lipides (dont 34,1 g de graisses saturées) ; 32,6 g de glucides ; 32,7 g de protéines ; 4,1 g de fibres*

Cette recette peut aussi se préparer avec des bintjes ou des cornes-de-gatte.

Aloo gobi

« Aloo » signifie pomme de terre et « gobi », chou-fleur. Ce curry d'origine indienne, facile à préparer, est absolument délicieux...

Pour 4 personnes

Préparation + cuisson 45 minutes

450 g de pommes de terre ruby-lou pelées et coupées en morceaux
1 c. à s. de beurre clarifié (20 g)
1 c. à s. de graines de moutarde noire
1 c. à s. de graines de cumin
½ c. à c. de curcuma moulu
½ c. à c. de garam masala
3 gousses d'ail pilées
1 gros oignon brun (200 g) émincé
2 tomates moyennes (380 g) coupées grossièrement
1 kg de chou-fleur détaillé en fleurettes
250 ml d'eau
4 c. à s. de coriandre fraîche grossièrement hachée

1. Faites cuire les pommes de terre à l'eau, à la vapeur ou au micro-ondes jusqu'à ce qu'elles soient tendres, puis égouttez-les.

2. Pendant ce temps, faites fondre le beurre clarifié dans une sauteuse et poêlez à feu vif les graines de moutarde et de cumin, jusqu'à ce qu'elles commencent à sauter. Ajoutez alors le curcuma, le garam masala et l'ail. Laissez cuire en remuant jusqu'à ce que le mélange embaume. Incorporez l'oignon et laissez-le fondre à feu moyen, sans cesser de remuer, avant d'ajouter les tomates et le chou-fleur. Prolongez la cuisson pendant 1 minute.

3. Versez l'eau dans la sauteuse, portez à ébullition puis couvrez et laissez mijoter 10 minutes. Incorporez les pommes de terre, couvrez et laissez cuire encore 5 minutes. Quand les légumes sont tendres, retirez du feu et ajoutez la coriandre.

Par portion *203 kcal ; 5,2 g de lipides (dont 2,9 g de graisses saturées) ; 24,8 g de glucides ; 10,1 g de protéines ; 8,5 g de fibres*

Bubble and squeak

D'origine anglaise, le « bubble and squeak » se prépare avec des restes de pommes de terre et de choux, ainsi éventuellement que de viande. Longtemps réservé à la cuisine familiale, il commence à faire son apparition sur les cartes de certains restaurants anglais.

Pour 4 personnes

Préparation + cuisson 40 minutes

450 g de pommes de terre nadine pelées et coupées en morceaux
250 g de chou grossièrement coupé
4 tranches de bacon sans couenne (260 g) grossièrement coupées
1 oignon brun moyen (150 g) grossièrement haché

1. Faites cuire les pommes de terre et le chou séparément à l'eau, à la vapeur ou au micro-ondes, puis égouttez-les. Réduisez les pommes de terre en purée dans un saladier, jusqu'à obtention d'un mélange lisse.

2. Pendant ce temps, faites revenir le bacon, dans une poêle antiadhésive chaude, en remuant, jusqu'à ce qu'il croustille. Égouttez-le sur du papier absorbant.

3. Faites cuire l'oignon dans la même poêle, en remuant. Lorsqu'il est tendre, ajoutez les pommes de terre, le chou et le bacon en mélangeant bien le tout. Aplatissez les ingrédients pour former une sorte de galette et laissez cuire à découvert jusqu'à ce que la base se colore. Retournez sur une assiette puis glissez la galette dans la poêle pour faire dorer l'autre face.

Par portion *216 kcal ; 6,4 g de lipides (dont 2,3 g de graisses saturées) ; 18,7 g de glucides ; 18,4 g de protéines ; 4,5 g de fibres*

Cette recette peut aussi se préparer avec des lasodas ou des sebagos.

Pommes de terre farcies au bleu

Pour 4 personnes

Préparation + cuisson 40 minutes

8 grosses pommes de terre coliban (1 kg) avec la peau
80 g de bleu d'Auvergne émietté
125 g de fromage frais
150 g de mayonnaise
120 g de crème fraîche
1 gousse d'ail coupée en quatre
40 g de noix de pécan grossièrement hachées
2 c. à c. de ciboulette grossièrement hachée

1. Préchauffez le four à 200 °C. Huilez légèrement la plaque de cuisson.

2. Faites cuire les pommes de terre à l'eau, à la vapeur ou au micro-ondes, puis égouttez-les.

3. Pendant ce temps, mixez le bleu, le fromage frais, la mayonnaise, la crème fraîche et l'ail.

4. Coupez un côté de chaque pomme de terre. À l'aide d'une petite cuillère, retirez la chair de ces petits morceaux, mettez-la dans un saladier et jetez la peau. Prélevez les deux tiers de la chair des autres morceaux de pomme de terre à la petite cuillère et mettez-la dans le saladier. Réservez les pommes de terre évidées.

5. Écrasez la chair de pomme de terre jusqu'à obtention d'une purée lisse. Incorporez la préparation au fromage et ajoutez la moitié des noix de pécan. Disposez les pommes de terre évidées sur la plaque de cuisson, garnissez-les de la préparation à base de bleu et, sans les couvrir, faites-les dorer 15 minutes au four. Parsemez du reste de noix de pécan et de ciboulette.

Par portion *550 kcal ; 36,3 g de lipides (dont 12,7 g de graisses saturées) ; 40 g de glucides ; 13,8 g de protéines ; 6 g de fibres*

En fonction de la farce que vous choisirez, ces pommes de terre peuvent constituer un plat léger et sain. Nous vous proposons ici quelques suggestions gourmandes (voir page 86), mais n'hésitez pas à suivre vos propres envies.

Pour la cuisson au micro-ondes, percez la peau de chaque pomme de terre avec une fourchette pour éviter qu'elle n'éclate.

Avec un couteau aiguisé, coupez un côté de chaque pomme de terre.

À l'aide d'une cuillère à café, retirez délicatement deux tiers environ de la chair des pommes de terre.

Pommes de terre farcies à la catalane

Pour 4 personnes

Préparation + cuisson 45 minutes

8 grosses pommes de terre coliban (1 kg) avec la peau
1 c. à c. d'huile d'olive
70 g de chorizo finement haché
1 gousse d'ail pilée
250 g de tomates concassées
90 ml de crème liquide
2 c. à s. de gruyère râpé

1. Préchauffez le four à 200 °C et huilez légèrement une plaque de cuisson.

2. Faites cuire les pommes de terre à l'eau, à la vapeur ou au micro-ondes, puis égouttez-les.

3. Pendant ce temps, faites chauffer l'huile d'olive dans une sauteuse et faites dorer le chorizo en remuant pendant 3 minutes environ, puis égouttez-le sur du papier absorbant. Faites revenir l'ail à feu doux dans la sauteuse, en remuant, jusqu'à ce qu'il embaume. Remettez le chorizo dans la sauteuse, avec les tomates concassées, et laissez mijoter à découvert jusqu'à ce que le mélange réduise de moitié.

4. Coupez un côté de chaque pomme de terre. À l'aide d'une petite cuillère, retirez la chair de ces petits morceaux, mettez-la dans un saladier et jetez la peau. Prélevez les deux tiers de la chair des autres morceaux de pomme de terre à la petite cuillère et mettez-la dans le saladier. Réservez les pommes de terre évidées.

5. Écrasez la chair des pommes de terre en purée lisse. Incorporez la préparation au chorizo et ajoutez la crème liquide. Disposez les pommes de terre évidées sur la plaque de cuisson, garnissez-les de farce, saupoudrez-les de gruyère râpé et, sans les couvrir, faites-les dorer 15 minutes au four.

Par portion *349 kcal ; 17,1 g de lipides (dont 8,5 g de graisses saturées) ; 34,4 g de glucides ; 11 g de protéines ; 5,7 g de fibres*

Pommes de terre farcies au maïs

Pour 4 personnes

Préparation + cuisson 45 minutes

8 grosses pommes de terre coliban (1 kg) avec la peau
1 c. à c. d'huile végétale
30 g de prosciutto grossièrement haché
125 g de maïs doux en boîte
2 c. à s. de coriandre fraîche finement hachée

1. Préchauffez le four à 200 °C et huilez légèrement une plaque de cuisson.

2. Faites cuire les pommes de terre à l'eau, à la vapeur ou au micro-ondes, puis égouttez-les.

3. Pendant ce temps, faites chauffer l'huile dans une sauteuse et faites dorer le prosciutto, en remuant, pendant 2 minutes, jusqu'à ce qu'il soit croustillant.

4. Coupez un côté de chaque pomme de terre. À l'aide d'une petite cuillère, retirez la chair de ces petits morceaux, mettez-la dans un saladier et jetez la peau. Prélevez les deux tiers de la chair des autres morceaux de pomme de terre à la petite cuillère et mettez-la dans le saladier. Réservez les pommes de terre évidées.

5. Écrasez la chair des pommes de terre en purée lisse. Incorporez le prosciutto, le maïs et la coriandre. Disposez les pommes de terre évidées sur une plaque de cuisson, garnissez-les de farce et faites-les dorer 15 minutes au four.

Par portion *210 kcal ; 2 g de lipides (dont 0,3 g de graisses saturées) ; 36,7 g de glucides ; 7,8 g de protéines ; 5,9 g de fibres*

Croquettes de pomme de terre aux légumes en sauce

Pour 4 personnes

Préparation + cuisson 1 heure + réfrigération

1 kg de pommes de terre coliban pelées et coupées en morceaux
1 c. à s. d'huile d'olive
1 petit oignon brun (80 g) émincé
1 gousse d'ail pilée
1 œuf légèrement battu
1 c. à s. de persil plat grossièrement haché
50 g de beurre
2 c. à s. d'huile d'olive supplémentaires

Légumes en sauce
30 g de beurre
1 c. à s. d'huile d'olive
1 petit oignon brun (80 g) grossièrement haché
1 gousse d'ail pilée
2 branches de céleri (300 g) parées et coupées en tronçons
1 courgette moyenne (120 g) coupée en morceaux
150 g de champignons de Paris coupés en quatre
60 ml de vin blanc sec
260 ml de sauce tomate
125 ml de bouillon de légumes
75 g d'olives kalamata dénoyautées
2 c. à s. de persil plat grossièrement haché

1. Faites cuire les pommes de terre à l'eau, à la vapeur ou au micro-ondes, puis égouttez-les et écrasez-les grossièrement dans un saladier.

2. Faites chauffer 1 cuillerée à soupe d'huile d'olive dans une sauteuse puis faites revenir l'oignon et l'ail, en remuant, jusqu'à ce que l'oignon soit tendre.

3. Ajoutez aux pommes de terre l'œuf, le persil et le mélange oignon-ail. Mélangez bien et laissez reposer 1 heure au réfrigérateur.

4. Pendant ce temps, préparez les légumes en sauce.

5. Farinez vos mains puis façonnez 8 boulettes avec la préparation à base de pommes de terre. Aplatissez-les avec la paume de la main. Faites chauffer le beurre et l'huile supplémentaire dans une sauteuse et faites frire les croquettes en plusieurs fois. Servez avec les légumes en sauce.

Légumes en sauce
Faites chauffer le beurre et l'huile d'olive dans une sauteuse puis faites revenir l'oignon, l'ail et le céleri en remuant, jusqu'à ce que les légumes soient tendres. Ajoutez la courgette et les champignons, et laissez cuire 2 minutes. Sans cesser de remuer, versez le vin et poursuivez la cuisson pendant 1 minute avant d'incorporer la sauce tomate, le bouillon et les olives. Portez à ébullition puis laissez mijoter 10 minutes sans couvrir. Retirez du feu et parsemez de persil.

Par portion *724 kcal ; 53,2 g de lipides (dont 21,5 g de graisses saturées) ; 44 g de glucides ; 12 g de protéines ; 8,7 g de fibres*

Cette recette peut également se préparer avec des lasodas ou des nicolas.

Samosas

Pour 28 samosas

Préparation + cuisson 1 heure + réfrigération

225 g de farine
1 c. à s. de beurre clarifié
1 c. à s. de graines de cumin
125 ml d'eau tiède
huile végétale pour la friture

Garniture
125 g de pommes de terre coliban pelées et coupées en morceaux
1 c. à c. de beurre clarifié
½ petit oignon brun (40 g) émincé
1 gousse d'ail pilée
½ grand piment vert finement haché
1 c. à c. de gingembre frais râpé
¼ de c. à c. de graines de coriandre
¼ de c. à c. de graines de cumin
½ c. à c. de garam masala
1 c. à s. de coriandre fraîche ciselée
1 c. à c. de jus de citron

1. Mélangez la farine et le beurre clarifié dans un récipient. Ajoutez les graines de cumin et versez progressivement assez d'eau pour obtenir une pâte ferme. Pétrissez la pâte sur un plan de travail fariné jusqu'à ce qu'elle soit lisse et élastique, puis couvrez-la de film alimentaire et mettez-la pour 30 minutes au réfrigérateur.

2. Préparez la garniture.

3. Sur un plan de travail fariné, abaissez la pâte en une feuille de 2 mm d'épaisseur et découpez dedans 28 disques de 8 cm de diamètre. Disposez 1 cuillerée à café rase de garniture au centre de chaque disque, badigeonnez les bords avec de l'eau, rabattez la pâte au centre et pincez les bords pour enfermer la garniture.

4. Faites chauffer de l'huile dans une sauteuse et faites frire les samosas en plusieurs fois, puis égouttez-les sur du papier absorbant.

Garniture
Faites cuire les pommes de terre à l'eau, à la vapeur ou au micro-ondes, puis égouttez-les. Dans un bol, réduisez la moitié des pommes de terre en purée. Dans une sauteuse, faites fondre le beurre clarifié et faites revenir l'oignon, l'ail, le piment, le gingembre, la coriandre, le cumin et le garam masala en remuant, jusqu'à ce que l'oignon soit tendre. Incorporez alors la coriandre fraîche, le jus de citron, la purée et les pommes de terre en morceaux.

Par samosa *49 kcal ; 2 g de lipides (dont 0,7 g de graisses saturées) ; 6,5 g de glucides ; 1 g de protéines ; 0,4 g de fibres*

Cette recette peut aussi se préparer avec des nicolas ou des pink-eyes.

Parathas

Pour 8 parathas

Préparation + cuisson 1 h 10 + repos

150 g de farine ordinaire
160 g de farine complète
100 g de beurre froid coupé en dés
125 ml d'eau
300 g de pommes de terre coliban pelées et coupées en morceaux
1 c. à s. d'huile d'arachide
1 petit oignon brun (80 g) émincé
1 gousse d'ail pilée
½ c. à c. de cumin moulu
1 c. à c. de graines de coriandre pilées
¼ de c. à c. de poivre de Cayenne
1 c. à s. de coriandre fraîche ciselée
huile végétale pour la friture

1. Mixez les 2 farines avec le beurre, jusqu'à obtention de sable. Versez l'eau puis travaillez le mélange jusqu'à obtention d'une pâte souple. Enrobez la pâte dans du film alimentaire et laissez reposer 1 heure.

2. Pendant ce temps, faites cuire les pommes de terre à l'eau, à la vapeur ou au micro-ondes, puis égouttez-les et écrasez-les en purée dans un saladier.

3. Faites chauffer l'huile d'arachide dans une sauteuse puis faites revenir l'oignon et l'ail. Lorsque l'oignon est tendre, ajoutez le cumin, les graines de coriandre et le poivre, et poursuivez la cuisson en remuant jusqu'à ce que le mélange embaume. Incorporez cette préparation ainsi que la coriandre fraîche à la purée de pomme de terre et laissez reposer 10 minutes.

4. Divisez la pâte en 16 portions et abaissez-les en disques de 14 cm de diamètre. Étalez la moitié de la purée aux oignons sur 4 disques, en laissant un bord de 1 cm. Badigeonnez ce dernier avec un peu d'eau puis couvrez chaque galette avec un disque de pâte, en pinçant les bords pour les souder entre eux. Répétez l'opération avec les 8 portions de pâte restantes.

5. Faites chauffer de l'huile végétale dans une sauteuse et faites frire les parathas une à une, jusqu'à ce qu'elles soient dorées. Égouttez-les sur du papier absorbant et couvrez-les pour les maintenir au chaud.

Par paratha *364 kcal ; 23,4 g de lipides (dont 8,5 g de graisses saturées) ; 31,4 g de glucides ; 5,6 g de protéines ; 3,7 g de fibres*

Lorsque vous abaissez les premières portions de pâte, couvrez le reste de pâte avec un linge humide pour l'empêcher de sécher. Traditionnellement, les parathas sont fabriquées avec du beurre clarifié puis cuites dans celui-ci. Pour cette version, nous avons choisi de les confectionner avec du beurre et de les faire frire dans l'huile. Dans l'idéal, les parathas se préparent juste avant d'être dégustées. Cette recette peut aussi se réaliser avec des nicolas ou des sebagos.

Sur un plan de travail légèrement fariné, étalez la pâte en disques de 14 cm de diamètre.

Égalisez les bords en vous aidant d'une assiette de 14 cm de diamètre.

Badigeonnez d'eau le pourtour avant de recouvrir la garniture d'un autre disque de pâte.

Piroshkis

Les piroshkis sont de petits beignets russes qui peuvent avoir différentes garnitures salées ou sucrées. Cette variante est l'une des plus traditionnelles. Cuits au four ou frits, ce sont d'excellents hors-d'œuvre.

Pour 16 piroshkis

Préparation + cuisson 1 heure + repos

900 g de farine
1 c. à s. de levure déshydratée
1 c. à s. de sel
75 g de sucre semoule
2 jaunes d'œufs
500 ml de lait tiède
250 g de beurre fondu
1 œuf légèrement battu

Garniture
1 c. à s. d'huile d'olive
1 oignon brun moyen (150 g) émincé
1 gousse d'ail pilée
250 g de pommes de terre sebago pelées et coupées en petits dés
2 tranches de bacon sans couenne (130 g) émincées
300 g de bœuf haché
90 g de concentré de tomate
2 c. à c. de thym frais

1. Mélangez la farine, la levure, le sel et le sucre dans un saladier. Faites un puits au centre et travaillez le mélange du bout des doigts en incorporant progressivement les jaunes d'œufs, le lait et le beurre pour obtenir une pâte souple et élastique. Raclez les bords du saladier, couvrez et laissez reposer dans un endroit chaud pendant 1 heure environ, ou jusqu'à ce que la pâte double de volume.

2. Pendant ce temps, préparez la garniture.

3. Pétrissez la pâte sur un plan de travail fariné, puis divisez-la en 16 portions et formez des disques de 12 cm de diamètre.

4. Préchauffez le four à 220 °C et huilez légèrement 2 plaques de cuisson.

5. Mettez 1 grosse cuillerée à soupe de garniture au centre de chaque disque, puis rabattez les bords au centre et pincez-les fermement pour enfermer la garniture. Disposez les piroshkis sur les plaques de cuisson, le côté où la pâte est soudée vers le bas, et badigeonnez le dessus d'œuf. Laissez reposer 15 minutes dans une pièce chaude avant de les faire cuire au four, sans les couvrir, pendant 15 minutes.

Garniture
Faites chauffer l'huile dans une poêle et faites revenir l'oignon, l'ail, les pommes de terre et le bacon en remuant, jusqu'à ce que les pommes de terre soient tendres. Ajoutez la viande hachée et faites-la colorer à feu vif, sans cesser de remuer. Incorporez enfin le concentré de tomate et le thym. Laissez refroidir 10 minutes.

Par piroshki *322 kcal ; 6,3 g de lipides (dont 2,4 g de graisses saturées) ; 49,9 g de glucides ; 14,2 g de protéines ; 2,8 g de fibres*

Brandade douce

Pour 2 bols

Préparation + cuisson 25 minutes + réfrigération

200 g de pommes de terre sebago pelées et coupées en morceaux
500 ml de lait
350 g de filets de poisson blanc, peau et arrêtes retirées
1 petit oignon blanc (80 g) grossièrement haché
2 gousses d'ail coupées en quatre
2 c. à s. d'huile d'olive
2 c. à s. de jus de citron
60 g de crème fraîche

1. Faites cuire les pommes de terre à l'eau, à la vapeur ou au micro-ondes, puis égouttez-les et réduisez-les en purée.

2. Pendant ce temps, portez le lait à ébullition dans une sauteuse, ajoutez le poisson et amenez le liquide jusqu'au point d'ébullition. Baissez le feu et laissez mijoter à feu doux sans couvrir, jusqu'à ce que le poisson soit cuit. Retournez-le 1 fois pendant la cuisson.

3. Quand le poisson a suffisamment refroidi, émiettez-le au robot ou au mixeur. Incorporez la purée et le reste des ingrédients, et mixez le tout jusqu'à obtention d'une préparation homogène. Mettez la brandade dans des bols de service, couvrez et réfrigérez 30 minutes.

Par cuillerée à soupe *59 kcal ; 3,7 g de lipides (dont 1,5 g de graisses saturées) ; 2,5 g de glucides ; 4 g de protéines ; 0,2 g de fibres*

Pommes de terre savoyardes

Pour 4 personnes

Préparation + cuisson 30 minutes

4 grosses pommes de terre coliban (680 g) avec la peau
125 g de fromage à raclette grossièrement râpé
20 g de beurre
1 c. à s. de persil plat grossièrement ciselé
90 g de cornichons
100 g d'oignons blancs marinés au vinaigre

1. Faites cuire les pommes de terre à l'eau, à la vapeur ou au micro-ondes, puis égouttez-les.

2. Incisez une croix au centre de chaque pomme de terre, en veillant à ne couper que la surface, et pressez délicatement les bords pour l'ouvrir. Répartissez le fromage sur les pommes de terre et nappez-les de beurre.

3. Mettez les pommes de terre sous un gril chaud, jusqu'à ce que le beurre et le fromage soient fondus. Parsemez de persil et servez avec des cornichons et des oignons blancs.

Par portion *303 kcal ; 13,8 g de lipides (dont 8,6 g de graisses saturées) ; 29,6 g de glucides ; 13,8 g de protéines ; 4,3 g de fibres*

En Suisse, ce plat hivernal est considéré comme une variante de la raclette. Il se prépare avec du fromage à raclette, mais on peut aussi utiliser du gruyère, de l'appenzeller ou de l'emmental.

Pizza aux pommes de terre et au romarin

Pour 8 personnes

Préparation + cuisson 1 heure

3 pommes de terre pontiac moyennes (630 g) avec la peau
2 c. à s. d'huile d'olive
1 c. à c. de romarin frais
150 g de farine avec levure incorporée
150 g de farine
30 g de beurre
1 œuf légèrement battu
80 ml de lait
40 g de parmesan râpé
2 gousses d'ail pilées

1. Pelez une pomme de terre et coupez-la en morceaux avant de la faire cuire à l'eau, à la vapeur ou au micro-ondes. Égouttez-la puis écrasez-la en purée dans un bol. Réservez 120 g de purée.

2. À l'aide d'un couteau bien aiguisé ou d'une mandoline, détaillez le reste des pommes de terre en rondelles de 2 mm d'épaisseur. Essuyez-les avec du papier absorbant puis mélangez-les, dans un saladier, avec l'huile d'olive et le romarin.

3. Préchauffez le four à 200 °C. Huilez légèrement une plaque de cuisson de 25 x 30 cm.

4. Mélangez les farines dans un saladier, puis ajoutez le beurre et travaillez les ingrédients du bout des doigts pour obtenir une fine semoule. Incorporez la purée, l'œuf et le lait. Pétrissez la pâte sur un plan de travail fariné pour la rendre souple et élastique.

5. Abaissez la pâte en un rectangle de 25 x 30 cm et étalez-la sur la plaque préparée. Garnissez la pâte de parmesan et d'ail mélangés puis disposez les pommes de terre en une seule couche, en les faisant se chevaucher. Sans couvrir, faites cuire au four pendant 30 minutes, jusqu'à ce que les pommes de terre soient tendres et la pizza dorée.

Par personne *219 kcal ; 10,8 g de lipides (dont 4,2 g de graisses saturées) ; 37,6 g de glucides ; 8,9 g de protéines ; 3,1 g de fibres*

Cette recette peut aussi se préparer avec des lasodas ou des nicolas.

Quiches au bacon

Pour 4 personnes

Préparation + cuisson 1 h 25

300 g de pommes de terre ruby-lou pelées et coupées en morceaux
1 c. à s. d'huile d'olive
1 rouleau de pâte feuilletée
2 c. à s. d'huile d'olive supplémentaires
1 petit oignon brun (80 g) émincé
2 gousses d'ail pilées
3 tranches de bacon sans couenne (80 g) grossièrement hachées
80 ml de lait
80 ml de crème liquide
2 œufs
25 g de mozzarella râpée

1. Préchauffez le four à 180 °C.

2. Mettez les pommes de terre et 1 cuillerée à soupe d'huile d'olive dans un plat à gratin, mélangez le tout de sorte de napper les pommes de terre d'huile et faites rôtir pendant 30 minutes, jusqu'à ce que les pommes de terre soient cuites et dorées.

3. Pendant ce temps, découpez la pâte feuilletée en 4 carrés et tapissez-en 4 moules à tartelettes de 250 ml. Piquez la pâte avec une fourchette. Déposez les moules sur une plaque de cuisson et laissez cuire 5 minutes au four.

4. Réduisez la température du four à 160 °C.

5. Faites chauffer l'huile supplémentaire dans une sauteuse et faites revenir l'oignon, l'ail et le bacon en remuant, jusqu'à ce que le bacon soit croustillant et l'oignon tendre. Égouttez sur du papier absorbant.

6. Répartissez les pommes de terre dans les moules et ajoutez le bacon frit avec les oignons et l'ail. Mélangez le lait, la crème, les œufs et la mozzarella dans un récipient et versez le tout dans les moules. Sans couvrir, faites cuire au four pendant 25 minutes. Laissez reposer 5 minutes avant de démouler.

Par portion *509 kcal ; 34,5 g de lipides (dont 15,7 g de graisses saturées) ; 27,8 g de glucides ; 21,2 g de protéines ; 2,3 g de fibres*

Si la pâte gonfle trop lors de la cuisson à blanc, pressez dessus pour faire de la place pour la garniture. Cette recette peut aussi se préparer avec des russet-burbank ou des colibans.

Soupe de pomme de terre au bacon

Pour 6 personnes

Préparation + cuisson 45 minutes

6 tranches de bacon sans couenne (400 g) grossièrement hachées
4 gousses d'ail pilées
1 kg de pommes de terre king-edward pelées et coupées en morceaux
250 ml de bouillon de poule
500 ml d'eau
300 g de crème fraîche
3 c. à s. de persil plat ciselé

1. Faites dorer le bacon avec l'ail en remuant, dans une grande cocotte, jusqu'à ce que le bacon soit croustillant.

2. Ajoutez les pommes de terre, le bouillon et l'eau. Portez à ébullition puis laissez frémir jusqu'à ce que les pommes de terre soient cuites. Incorporez la crème fraîche et mélangez sur le feu sans laisser bouillir, jusqu'à ce que le mélange soit chaud. Retirez du feu et ajoutez le persil.

Par portion *418 kcal ; 26,4 g de lipides (dont 15,5 g de graisses saturées) ; 24,1 g de glucides ; 20 g de protéines ; 3 g de fibres*

Cette recette peut aussi se préparer avec des bintjes ou des cornes-de-gatte.

Velouté de pomme de terre aux grains de maïs

Pour 6 personnes

Préparation + cuisson 50 minutes

40 g de beurre
1 poireau (350 g) paré et émincé
1 gousse d'ail pilée
125 ml de vin blanc sec
2 branches de céleri (300 g) parées et taillées en rondelles fines
800 g de pommes de terre désirée pelées et coupées en morceaux
500 ml de bouillon de poule
500 ml d'eau
320 g de grains de maïs surgelés
125 g de crème fraîche
1 c. à s. de persil plat frais finement haché

1. Faites fondre le beurre dans une casserole et faites revenir le poireau et l'ail en remuant, jusqu'à ce que le poireau soit tendre. Versez ensuite le vin et laissez cuire en remuant régulièrement, jusqu'à ce que le liquide ait réduit de moitié. Ajoutez le céleri, les pommes de terre, le bouillon et l'eau. Portez à ébullition puis laissez frémir jusqu'à ce que les pommes de terre soient cuites. Laissez refroidir 10 minutes.

2. Mixez la moitié de la soupe jusqu'à obtention d'une préparation onctueuse et remettez-la dans la casserole, avant d'ajouter les grains de maïs et la crème fraîche. Portez à ébullition, réduisez le feu et laissez mijoter en remuant, jusqu'à ce que le maïs soit tendre. Retirez du feu et ajoutez le persil.

Par portion *318 kcal ; 15,8 g de lipides (dont 9,8 g de graisses saturées) ; 29,7 g de glucides ; 8 g de protéines ; 6,4 g de fibres*

Cette recette peut aussi se préparer avec des bintjes ou des ruby-lou.

Vichyssoise

La vichyssoise est une soupe traditionnelle à base de pommes de terre et de poireaux, généralement servie froide.

Pour 6 personnes

Préparation + cuisson 1 h 10 + réfrigération

50 g de beurre
2 poireaux moyens (700 g) parés et émincés
750 g de pommes de terre coliban pelées et coupées en morceaux
500 ml de bouillon de poule
500 ml d'eau
300 ml de crème liquide
2 c. à s. de ciboulette fraîche ciselée

1. Faites fondre le beurre dans une casserole et faites revenir les poireaux à couvert, en remuant de temps en temps, pendant 20 minutes environ, jusqu'à ce qu'ils soient bien tendres ; ils ne doivent pas devenir bruns.

2. Ajoutez alors les pommes de terre, le bouillon et l'eau. Portez à ébullition, puis laissez mijoter à couvert jusqu'à ce que les pommes de terre soient tendres. Laissez refroidir 10 minutes.

3. Mixez la soupe en plusieurs fois. Ajoutez la crème liquide, couvrez et laissez 3 heures ou 1 nuit au réfrigérateur. Répartissez la soupe dans des bols et parsemez-la de ciboulette juste avant de servir.

Par portion *377 kcal ; 29,2 g de lipides (dont 19 g de graisses saturées) ; 21,2 g de glucides ; 6,3 g de protéines ; 4,1 g de fibres*

Cette recette peut aussi se préparer avec des désirées ou des cornes-de-gatte.

Salade de pommes de terre au vinaigre balsamique

Pour 4 personnes

Préparation + cuisson 30 minutes + réfrigération

1 kg de pommes de terre pontiac avec la peau, coupées en quartiers dans le sens de la longueur
6 oignons nouveaux émincés
35 g de tomates séchées conservées dans l'huile, émincées
75 g d'olives kalamata dénoyautées
120 g de crème fraîche
2 c. à s. de lait
1 c. à s. de vinaigre balsamique
3 c. à s. de basilic frais

1. Faites cuire les pommes de terre à l'eau, à la vapeur ou au micro-ondes, puis égouttez-les. Couvrez et réfrigérez 30 minutes.

2. Dans un saladier, mélangez les pommes de terre avec les oignons nouveaux, les tomates et les olives.

3. Pour préparer la sauce, fouettez la crème, le lait et le vinaigre dans un récipient. Versez cette sauce sur la salade et remuez délicatement. Ajoutez le basilic.

Par portion *334 kcal ; 13,6 g de lipides (dont 8,2 g de graisses saturées) ; 41,3 g de glucides ; 8,5 g de protéines ; 6,3 g de fibres*

Cette recette peut aussi se préparer avec des bintjes ou des désirées.

Salade de pommes de terre aux câpres et à l'aneth

Pour 4 personnes

Préparation + cuisson 30 minutes

1 kg de pommes de terre nouvelles avec la peau, coupées en deux
2 c. à s. de vinaigre de vin blanc
125 ml d'huile d'olive
½ c. à c. de sucre
1 c. à c. de moutarde de Dijon
65 g de câpres égouttées
140 g d'oignons blancs au vinaigre coupés en deux
200 g de cornichons égouttés et coupés en deux dans le sens de la longueur
2 c. à s. d'aneth frais ciselé

1. Faites cuire les pommes de terre à l'eau, à la vapeur ou au micro-ondes, puis égouttez-les.

2. Pendant ce temps, préparez la sauce : mélangez le vinaigre, l'huile d'olive, le sucre et la moutarde dans un shaker pour sauce salade.

3. Mélangez les pommes de terre avec la moitié de l'assaisonnement dans un saladier, puis laissez refroidir 10 minutes.

4. Ajoutez les câpres, les oignons, les cornichons, l'aneth et le reste d'assaisonnement. Mélangez délicatement avant de servir.

Par portion *451 kcal ; 28,8 g de lipides (dont 4 g de graisses saturées) ; 40 g de glucides ; 6,4 g de protéines ; 5,1 g de fibres*

Cette recette peut aussi se préparer avec des cornes-de-gatte ou des ruby-lou.

Salade chinoise

Pour 4 personnes

Préparation + cuisson 35 minutes

1 kg de pommes de terre pontiac avec la peau, coupées en quatre
8 oignons nouveaux émincés
5 échalotes roses émincées
3 c. à s. de coriandre fraîche ciselée
3 c. à s. de menthe fraîche grossièrement hachée
2 petits piments thaïs rouges émincés

Assaisonnement au citron vert
60 ml de jus de citron vert
1 jaune d'œuf
1 c. à c. d'huile de sésame
180 ml d'huile d'arachide
2 c. à c. de mirin
2 c. à s. de coriandre fraîche ciselée

1. Faites cuire les pommes de terre à l'eau, à la vapeur ou au micro-ondes jusqu'à ce qu'elles soient tendres, puis égouttez-les.

2. Pendant ce temps, préparez l'assaisonnement au citron vert.

3. Mettez le reste des ingrédients dans un saladier, avec les pommes de terre tièdes et l'assaisonnement. Mélangez avant de servir.

Assaisonnement au citron vert
Mixez 1 cuillerée à soupe de jus de citron vert avec le jaune d'œuf, jusqu'à ce que le mélange épaississe légèrement. Versez progressivement les huiles en filet et mixez jusqu'à ce que le mélange épaississe. Incorporez le reste des ingrédients.

Par portion *155 kcal ; 12 g de lipides (dont 2,2 g de graisses saturées) ; 9,5 g de glucides ; 2,1 g de protéines ; 1,3 g de fibres*

Salade de pommes de terre au poulet satay

Pour 6 personnes

Préparation + cuisson 35 minutes

1 kg de pommes de terre nicola avec la peau, coupées en tranches épaisses dans le sens de la longueur
400 g de blancs de poulet cuits et émincés
6 oignons nouveaux émincés
60 g de pousses d'épinard parées
70 g de cacahuètes grillées non salées
150 g de sauce satay
120 g de crème fraîche
1 c. à s. d'eau chaude

1. Faites cuire les pommes de terre à l'eau, à la vapeur ou au micro-ondes, puis égouttez-les.

2. Dans un saladier, mélangez les pommes de terre avec le poulet, les oignons nouveaux, les épinards et la moitié des cacahuètes. Mélangez le reste des ingrédients et versez la sauce obtenue dans le saladier. Parsemez le reste des cacahuètes.

Par portion *462 kcal ; 26,2 g de lipides (dont 10,1 g de graisses saturées) ; 26,2 g de glucides ; 28 g de protéines ; 5,3 g de fibres*

Pour cette recette, il vous faut un poulet grillé moyen. Jetez la peau et les os avant d'émincer la viande. Cette salade se déguste chaude ou froide. Elle peut également se préparer avec des bintjes ou des cornes-de-gatte.

Soufflés à la pomme de terre

Pour 4 personnes

Préparation + cuisson 1 heure

350 g de pommes de terre désirée pelées et coupées en morceaux
2 c. à s. de chapelure
60 g de beurre
2 c. à s. de farine
180 ml de lait
3 œufs, blancs et jaunes séparés
90 g de gruyère ou de cheddar râpés
1 c. à c. de thym frais

1. Faites cuire les pommes de terre à l'eau, à la vapeur ou au micro-ondes, puis égouttez-les et écrasez-les en purée grossière dans un saladier.

2. Préchauffez le four à 200 °C. Huilez 4 petits moules à soufflés de 180 ml puis saupoudrez le fond et les parois de chapelure. Disposez-les sur une plaque de cuisson.

3. Faites fondre le beurre dans une casserole, ajoutez la farine en remuant et laissez cuire jusqu'à ce que le mélange épaississe et frémisse. Versez progressivement le lait, sans cesser de remuer, et amenez-le jusqu'au point d'ébullition pour faire épaissir la sauce. Hors du feu, ajoutez les jaunes d'œufs, le fromage, le thym et la purée. Remuez bien pour obtenir une préparation homogène. Remettez le mélange dans le saladier.

4. Avec un batteur, montez les blancs d'œufs en neige ferme. Incorporez-les en 2 fois à la préparation à base de pommes de terre. Avec une cuillère, répartissez le mélange dans les moules et faites cuire 20 minutes, jusqu'à ce que les soufflés soient gonflés et dorés. Servez aussitôt.

Par portion *363 kcal ; 25,9 g de lipides (dont 15,3 g de graisses saturées) ; 17,2 g de glucides ; 15,1 g de protéines ; 1,6 g de fibres*

Cette recette peut aussi se préparer avec des lasodas ou des sebagos.

Pain italien

Pour 8 personnes

Préparation + cuisson 1 h 15

250 g de pommes de terre coliban pelées et coupées en morceaux
30 g de beurre fondu
300 g de farine avec levure incorporée
250 ml de lait
60 g d'olives vertes dénoyautées et coupées en rondelles
75 g de tomates séchées conservées dans l'huile, grossièrement hachées
100 g de mozzarella râpée

1. Préchauffez le four à 200 °C. Huilez un moule à cake rectangulaire de 14 x 21 cm. Chemisez-le de papier sulfurisé, en laissant celuui-ci dépasser de 5 cm sur les deux petits côtés.

2. Faites cuire les pommes de terre à l'eau, à la vapeur ou au micro-ondes, puis égouttez-les. Dans un saladier, réduisez-les en purée, en incorporant progressivement le beurre pour obtenir une préparation homogène.

3. Ajoutez la farine, le lait, les olives, les tomates séchées et le fromage, et mélangez bien le tout. Transférez cette préparation dans le moule et faites cuire 50 minutes au four, jusqu'à ce que le pain soit cuit.

Par portion *262 kcal ; 8,3 g de lipides (dont 4,8 g de graisses saturées) ; 35,3 g de glucides ; 9,8 g de protéines ; 3,3 g de fibres*

Cette recette peut aussi se préparer avec des nicolas ou des pink-eyes.

Petits pains de pomme de terre aux graines de sésame

Pour 4 personnes

Préparation + cuisson 1 h 15

900 g de pommes de terre nadine pelées
100 g de beurre
1 gousse d'ail pilée
450 g de farine avec levure incorporée
1 c. à s. de lait
2 c. à c. de graines de sésame

1. Faites cuire la moitié des pommes de terre à l'eau, à la vapeur ou au micro-ondes, puis égouttez-les et réduisez-les en purée dans un saladier. Râpez grossièrement le reste des pommes de terre.

2. Préchauffez le four à 180 °C et chemisez 2 plaques de cuisson de papier sulfurisé.

3. Ajoutez le beurre, l'ail, la farine et les pommes de terre râpées dans la purée, et mélangez jusqu'à obtention d'une pâte homogène.

4. Travaillez la pâte sur un plan de travail fariné puis divisez-la en 4 portions. Étalez ces dernières avec vos mains pour obtenir 4 disques de 20 cm de diamètre. Taillez une croix à la surface de chaque pain.

5. Disposez les pains sur les plaques de cuisson, badigeonnez-les de lait et parsemez-les uniformément de graines de sésame. Faites cuire 20 minutes au four sans couvrir, puis couvrez avec du papier d'aluminium et poursuivez la cuisson pendant 20 minutes, jusqu'à ce que les pains soient bien cuits.

Par portion *733 kcal ; 23,1 g de lipides (dont 14 g de graisses saturées) ; 109,3 g de glucides ; 17,1 g de protéines ; 8,1 g de fibres*

On dit que ces pains, appelés « boxty » en anglais, ont été inventés pendant la grande famine qui a frappé l'Irlande au milieu du XIXe siècle. Cette recette peut aussi se préparer avec des lasodas ou des sebagos.

Glossaire

ANIS ÉTOILÉ cosse séchée, en forme d'étoile, dont les graines ont une puissante saveur.

BABEURRE à l'origine, ce terme désigne le liquide aigrelet restant une fois que le beurre a été produit à partir de la crème. Aujourd'hui, il s'agit plutôt d'une forme de lait avec des ferments. Se vend au rayon des produits laitiers frais. Contrairement à ce que suggère son nom, il est peu gras.

BASILIC parmi les nombreuses variétés de cette herbe aromatique, le basilic commun, parfois appelé « pistou », est le plus répandu.

BESAN voir farines.

BEURRE CLARIFIÉ beurre débarrassé des particules solides du lait, avec un point de fumée très élevé.

BICARBONATE DE SOUDE utilisé comme poudre à lever.

CÂPRE boutons floraux vert foncé d'un arbuste méditerranéen, les câpres se vendent séchées et salées, ou en conserve, au vinaigre. Les jeunes câpres sont plus savoureuses. Les câpres doivent être rincées avant utilisation.

CÉLERI-RAVE tubercule avec une peau brune, une chair blanche et un goût de céleri branche. Sa chair molle devient crémeuse lorsqu'elle est écrasée en purée.

CHAPELURES

chapelure industrielle fine poudre croustillante disponible dans le commerce.

chapelure maison pain vieux de 1 ou 2 jours, passé au mixeur ou au robot.

CHORIZO saucisse d'origine espagnole, fabriquée avec de la viande de porc hachée, de l'ail et des piments.

CHOU DE MILAN possède une grosse tête recouverte de feuilles fripées, vert foncé.

CORIANDRE également connue sous le nom de persil chinois ou de persil arabe, cette herbe aux feuilles vert franc se caractérise par un goût prononcé. Les feuilles et les racines sont comestibles. Elles doivent être bien lavées avant d'être utilisées. Les graines séchées, vendues entières ou moulues, possèdent un goût tout à fait différent de celui des feuilles fraîches. Il ne faut pas les intervertir.

CORNICHON petite variété de concombre.

CRÈME DE RAIFORT mélange de vinaigre, d'huile, de sucre et de raifort râpé.

CRÈME FRAÎCHE crème épaisse avec au moins 35 % de matières grasses, veloutée et acidulée.

CUMIN graine produite par une plante de la famille du persil, au goût prononcé et légèrement piquant. Le cumin se vend en graines ou en poudre.

FARINES

besan fine farine de pois chiche entrant dans la composition de nombreux pains en Inde. S'achète dans les épiceries spécialisées et les supermarchés.

farine avec levure incorporée contient de la poudre à lever (2 cuillerées à café de poudre à lever pour 250 g de farine).

farine de riz farine très fine de riz blanc.

farine ordinaire farine de blé tous usages.

FÈVE disponible séchée, fraîche, en boîte et surgelée. Les fèves fraîches et surgelées s'épluchent 2 fois : il faut retirer la gousse externe, longue et verte, puis la pellicule dure, de couleur vert pâle, qui entoure les graines.

FÉCULE DE MAÏS également connue sous le nom de Maïzena, utilisée comme épaississant.

FROMAGES

bleu existe en de nombreuses variétés allant du stilton, à la pâte ferme et friable, jusqu'au gorgonzola, à la pâte crémeuse.

chèvre produit à partir du lait de chèvre, ce fromage a généralement un goût prononcé. À pâte dure ou molle, de formes et de tailles variées, il est parfois enrobé de cendre ou d'herbes.

feta fromage grec, au lait de brebis ou de chèvre, possédant un goût salé prononcé.

fontina fromage italien à pâte ferme, avec une croûte brune ou rouge et un goût de noisette.

gorgonzola fromage bleu italien à pâte crémeuse, au goût délicat.

gruyère fromage suisse avec des petits trous et un goût légèrement salé.

mascarpone fromage italien produit comme le yaourt. Couleur blanchâtre à crème, texture crémeuse.

provolone jeune, il ressemble à une petite mozzarella. Affiné, il a un goût plus prononcé et une pâte suffisamment dure pour être râpée.

raclette fromage suisse similaire à l'emmental, au gruyère et à l'appenzeller.

GARAM MASALA mélange, originaire du Nord de l'Inde, de clous de girofle, de cardamome, de cannelle, de coriandre, de fenouil et de cumin grillés puis moulus. Les variations plus épicées contiennent du poivre noir et du piment.

GINGEMBRE plante tropicale avec une racine épaisse et noueuse. La racine peut se conserver pelée, dans du xérès sec, au réfrigérateur, ou surgelée dans un récipient hermétique.

HARICOT ROUGE haricot de taille moyenne, légèrement farineux et sucré. Se vend sec ou en boîte.

MACIS saveur et parfum similaires à la muscade, mais plus âcres. Se vend en poudre.

MANDOLINE ustensile de cuisine traditionnel allemand qui permet de couper avec précision les fruits et les légumes en tranches, en lamelles, en dés ou en bâtonnets.

MESCLUN mélange de salades : laitue, pousses d'épinard, mizuna, chicorée...

MIRIN vin de riz japonais sucré, utilisé pour cuisiner. À ne pas confondre avec le saké, qui se boit.

MIZUNA salade japonaise au goût prononcé, légèrement moutardé.

MOULIN À LÉGUMES sorte de passoire avec une manivelle, qui permet de préparer des purées et des coulis.

PANCETTA sorte de lard italien épicé, puis salé. La pancetta est roulée en forme de grosse saucisse et vendue en tranches.

PAPRIKA piment doux rouge, séché puis moulu. Existe en plusieurs variétés : doux, fort, fumé.

PIGNON DE PIN petite graine de couleur crème des pignes de différents pins.

PIMENTS

jalapeño ce piment vert relativement piquant se vend frais ou en conserve, en saumure.

piment thaï rouge petit, moyennement fort.

piment vert piment qui n'est pas arrivé à maturité, comme le piment thaï, ou piment mûr de couleur verte, comme le habanero, le poblano ou le serrano.

POIVRE DU SICHUAN également connu sous le nom de baie du Sichuan, ce condiment légèrement épicé est le fruit d'arbustes de la famille du frêne. Ces petites baies n'ont pas de lien avec la famille du poivre, bien qu'elles ressemblent à des grains de poivre noir et qu'elles possèdent un arôme poivré et citronné caractéristique.

POIVRON rouge, vert, jaune, orange ou violet-noir, le poivron est originaire d'Amérique latine. Il faut retirer les graines et les peaux blanches avant utilisation.

POLENTA semoule de maïs.

PRESSE-PURÉE ustensile de cuisine généralement en acier, qui permet de réduire en purée les pommes de terre et les autres légumes.

PROSCIUTTO jambon salé, séché, non fumé, généralement vendu en fines tranches.

SAMBAL OELEK d'origine indonésienne, cette pâte salée est préparée à partir de piments moulus et de vinaigre.

SAUCE D'HUÎTRE de couleur brune, cette sauce asiatique riche est fabriquée en faisant cuire et épaissir (amidon) des huîtres, avec du sel et de la sauce soja.

SUCRE EN POUDRE également appelé sucre semoule.

SUMAC épice rouge aux vertus astringentes produite en moulant des baies d'arbustes sauvages du Bassin méditerranéen. Il apporte une touche citronnée aux plats crus ou cuits.

TAHINI pâte de sésame utilisée dans l'houmous et le baba ghanoush. En vente dans les épiceries orientales.

TOMATES

relish condiment nord-américain fabriqué avec des tomates, de l'oignon, du vinaigre et diverses épices.

tomate olivette petite et ovale, elle est très souvent utilisée dans la cuisine italienne.

tomate semi-séchée plus molle et plus juteuse que les tomates séchées, conservée dans l'huile d'olive, elle se garde aussi moins longtemps.

TORTILLA pain mexicain rond et plat à base de farine de blé ou de maïs.

VINAIGRES

balsamique le vrai vinaigre balsamique est un produit de la province de Modène, en Italie, fabriqué à partir d'un cépage local, le trebbiano blanc. Il est affiné dans des vieux fûts en bois.

vinaigre de cidre produit avec des pommes fermentées.

vinaigre de riz liquide incolore issu de la fermentation de riz avec du sucre et du sel.

WASABI vendu en poudre ou en pâte, le wasabi, une sorte de raifort asiatique, est utilisé pour préparer une sauce verte très relevée traditionnellement servie avec les plats de poisson cru.

YAOURT À LA GRECQUE crémeux et épais, souvent fabriqué avec du lait de brebis, ressemble à de la crème fouettée. Produit en éliminant les éléments liquides du lait.

Index

marabout**chef**

Vous avez choisi *Spécial pomme de terre*, découvrez également :

Gratins, lasagnes & crumbles salés
Les basiques de la cuisine française
Salade Bar

Et toute la collection Marabout Chef :

BIEN-ÊTRE

120 recettes pour rester mince
21 jours pour mincir
Recettes gourmandes pour diabétiques

ENTRE AMIS

Apéros et mini-bouchées
Barbecue & grillades
Cakes salés et sucrés
Verrines salées et sucrées
Brunchs gourmands
Cocktails avec et sans alcool
Macarons & petits biscuits
Pizza party !
Un dîner parfait

PRATIQUE

Recettes vite prêtes
Bocaux, confitures & chutneys maison
Gratins, lasagnes & crumbles salés
Les basiques de la cuisine française
Les meilleurs desserts
Salade Bar
Spécial machine à pain
Poissons et Crustacés faciles
Sauces, vinaigrettes & Salsa
Recettes minute à la cocotte
Spécial pomme de terre
Spécial étudiants

CUISINE DU MONDE

Cuisine d'Asie
Cuisine du Japon
Cuisine indienne
Cuisine d'Italie
Spécial Maroc
Spécial Wok
Sushis & Cie
Cuisine thaï pour débutants

Publié pour la première fois en Australie par ACP Books, département de ACP Magazines Ltd.
Photographies de Ian Wallace

Hachette Livre (Marabout) – 43, quai de Grenelle – 75905 Paris Cedex 15.

Suivi éditorial : Natacha Kotchetkova avec la collaboration de Valentine Morizot.
Mise en pages : les PAOistes.
Correction : Clémentine Bougrat.

Achevé d'imprimer en août 2012 par Canale Bucarest, Roumanie.
ISBN : 978-2-501-06976-2 / 40.6341.8/02 - Dépôt légal : janvier 2011